西淡路希望の家で学んだこと

インクルーシブ（共生）教育研究所双書

枝本信一郎　著

川島書店

〈緒　言〉

ここに保育所聖愛園の「障害」児共同保育五〇周年を記念してブックレット（インクルーシブ（共生）教育研究所双書）を刊行することが出来ました。保育所聖愛園とは、大阪市北部の淡路にある法人、路交館にある保育園ですが、現在は、幼保連携型認定こども園になっています。

保育園になる前は、教会立の幼稚園でした。一九七二年にこの幼稚園に二人のお母さんが障がいのある我が子の保育をしてほしいと訪ねてきたことから、「障がい」児共同保育の取り組みが始まりました。そして、早くも半世紀が経ちました。

この間、「障がい」児共同保育は、理論的にも実践的にも波打つかの如く変遷し今日に至っています。今の保育でいいのか、今の福祉事業でいいのか、と絶えず具体的な問題を通して問い直してきました。

この理論的、実践的な変遷の経緯は、枝本信一郎さんのブックレットを読んでいただくと分かっていただけるでしょう。

また、保育所聖愛園は、韓国の保育団体とも連帯して保育の社会的な意味と実践とを深める取り組みをしてきました。この日韓の保育交流に貢献していただいた金徳煥さんには、在日として生きてこられた経験を記述して書き残していただき、このブックレットに加えさせていただくことが出来ました。

二〇一四年に法人路交館の中にインクルーシブ（共生）教育研究所が設立されて、ソーシャル・インクルージョンにむけた理論と実践を模索する活動をしてきたのですが、堀智晴はその報告をブックレットの一つとして世に問うことにしました。

これらのブックレットに続いて、法人路交館の事業所の活動についてもブックレットを刊行されることを期待したいと思っています。

このブックレットを共生社会に向けた一つの「たたき台」として、多くの方に読んでいただき、ご批判をいただきたいと願っています。そして、この日本社会の真の意味でのソーシャルインクルージョンの実現に少しでも寄与できれば幸いと考えます。

二〇二三年一〇月二〇日

堀　智晴
（インクルーシブ（共生）教育研究所・代表）

目次

序章　はじめに――再刊にあたって

1．はじめに

イ．再刊にあたって

これは、筆者が一九八五年から一九九〇年の五年余に在職した精神薄弱者（通所）授産施設「西淡路希望の家」で学んだことの筆者なりの総括として、身近にいた関係者に配布したものである。

今回、インクルーシブ（共生）教育研究所がブックレットを発行するにあたり、無理を言ってこれを再刊として掲載させてもらうことになった。再刊にあたり、元々の発行当時の内容を変えないようにとは思いながら、元の文は全く個人的に作成したため、語尾の不統一や意味がとりにくい言い回しがあり、これらを最小限の範囲で修正した。

さらに、「精神薄弱者（通所）授産施設『西淡路希望の家』の施設名についても、今では「精神薄弱者」という言葉自体が死語になっただけでなく、差別的な言葉使いに思えて違和感がある。そこで再刊にあたって、この言葉使いを改めることも考えたが、当時の時代的な空気感を残す趣旨からそのままにした。

また、通所者や指導員などの言葉使いは、特に障害者解放運動を志向する人々や「共に…」の立場から支援に取り組む人々の間では、当時からメンバーとか仲間、支援者、職員等など別の言い方をしてきたが、西淡路希望の家では、西淡路希望の家自体が「施設」であることは明らかであり、「言葉」だけ置き換えても、構成メンバーである通所者や指導員の（法的な）身分関係が変わるわけではない。「言葉」を換えて何かが変わったように装うのはまやかしでしかないと、通所者（又は通所生）及び指導員の言葉を使い続けてきた。従ってそんな趣旨からも、本稿ではこの言葉を使い続けることにした。

また、何しろ、三〇年近く前に筆者の身近な人に配布することだけを目的に作成したので、そもそも西淡路希望の家がどのような経過で創設されたかを含め、背景的な状況が全く説明されていない。そこで、最初は「注」のような形ででも若干の追記をしようと考えたが、どうもそれだけではすみそうにないので、あらためて「再刊に当たっての追記」として第3章を書き起こした。

ただ、第3章とはしたものの、大方は第1章及び第2章に書いた事柄の、背景事情なり前提的な状況の説明である。今回改めて書いたので第3章として後ろに置いたが、話の流れとしては最初にあった方が分かりやすいかもしれない。できれば第3章から読んでもらいたい。

とはいうものの、第3章を書くに当たり三〇年前に立ち返り書いたつもりだが、この三〇年の時間の流れにより筆者自身の考え方の発展もあり、それが思いもしない形で表れてしまっているかもしれない。そこのところはご容赦いただければと思う。

ロ．何故、第1章が「『法人化』試論」なのか

元来の趣旨からいうと、第1章のタイトルを「西淡路希望の家で学んだこと」とし、第2章のそれを「『共生』保育・教育の課題を求めて」とするのが妥当なのだろう。

第1章のタイトルを「『法人化』試論」としたのは、当時としてはかなり必然的だったのだが、今日では唐突感を免れないので、若干の説明をしておく。

実は、西淡路希望の家の発足に際し、障害者解放の立場で運動する人々や、障害児と共に生き学ぶことを大切にして教育・保育・支援に取り組む人々から、かなり強い批判的なご意見が寄せられていた。社会福祉法人立の事業所として法制度内の「施設」を新たに作ることは、「施設」建設に反対してきた我々の運動に逆行するものである。「施設」である限り法制度の縛りでがんじがらめにされ、障害当事者が人間らしく生きることを困難にするのは目に見えているではないか、というわけである。実際、障害児者の問題に以前から積極的に取り組んでこられた「そよ風のように街に出よう」編集長の河野氏は筆者に対し、「聖愛園は障害児と共にの立場から保育に取り組んできて、それなりに名が知られてきているのに、何でそれを裏切るような形でアホなことをするんや！」と強烈な助言をされたし、また、当時ノーマライゼーション研究会の会長だった大谷強氏やノーマライゼーション研究会コメントの会座長の杉本章氏は建物が完成して開設準備中の西淡路希望の家に連れ立って来られ、建物内を見て回った後に「こんな立派な施設を作ってしまって、一体どんなするつもりなんや！」と皮肉がこもった論評をして下さることになった。

この様な経過があって、筆者はと言うだけでなく当時の西淡路希望の家の職員としては、世の中全体が

「法人化」に批判的な中で、「それなりにここにも希望があるはずだ！」と声高に語ることは憚られる雰囲気に押されながらも、内心ではそれなりに期する思いをもって、西淡路希望の家の運営を始めることになった。従って、筆者らにとって、「西淡路希望の家で学んだこと」は、即ち「法人化」批判に対する我々なりの回答となるので、第1章のタイトルを「『法人化』試論」としたのである。

なお、本文中の制度説明は三〇年前の法制度に基づくもので、今とは異なることに留意願いたい。

2. 筆者なりの総括として（私版発行時の「はじめに」）

これは、この五年余の期間《一九八五年から一九九〇年》在職した、西淡路希望の家での活動の中で筆者自身が学んだことを、筆者なりの形でまとめたものである。

この五年余の間、西淡路希望の家の通所者や保護者、職員はもとより、多くの人々に支えられてそれなりに職責をまっとうできたことをまず感謝したい。西淡路希望の家にはまだまだやり残したことがあるというか、むしろ、やっと緒に就いたばかりで、やり残したことがほとんどというのが実感で、これからますます困難な課題を西淡路希望の家は担って行くだろうと思う。その意味では、中途半端なことしかできなかったことを、残された人々に深くお詫びしなければならない。

とは言うものの、この五年余、筆者は筆者なりに精一杯の努力をしたつもりである。西淡路希望の家での五年余の取り組みを筆者なりに総括しなければ、次の仕事も手につかないためこれを書いた。

これは、筆者の西淡路希望の家の私的な卒業論文ともいえる。皆様の忌憚のないご意見御批判を切に願うものである。

一九九一年三月三一日　枝本信一郎　記

第1章 「法人化」試論

1．はじめに

近年、障害者解放運動を担う人々の間からも、「法人化」を積極的に考えようとする風潮が出てきたように思う。とは言うものの、これまで「施設」に根元的に反発してきた立場性から考えても、そう簡単に「法人化」に乗れるわけではないし、「施設」の持つ問題性が既に解消したわけでもない。

ただ、これまで「生きる場」「働く場」の運動の制度的武器であった「ミニ授産所・福祉作業所」の制度では、その補助金額のどうしようもない少なさの故に、もう一つ「明日」への展望を見いだすことが出来ないでいることも事実のように思える。それに、「生活の場」の運動では、これを支えてきた親が歳を取って余り動けなくなり、「法人化」を前向きに考えざるを得なくなってきたのが現実のように思うのである。

西淡路希望の家は、このような「法人化」の動きが余り表面に出ていない六年前に、単独で「法人化」＝法律上の精神薄弱者授産施設（通所）として発足した。その意味で西淡路希望の家は「施設」批判のまなざしが集中する中で、その活動を始めたのである。このため、これに関わった筆者たち自身、「施設にして良かったのだろうか」「生活の場を西淡路希望の家という施設にしたことのメリットは何なのか」と思い悩みつつ、日々の実践を重ねてきたのである。

筆者としてこれに確定的な答えを得たつもりはない。ただ、この五年余の実践で、筆者なりの「考え」を持てたようにも思っているのである。

正直、この五年余の「施設批判の中での施設運営」は、筆者を含む西淡路希望の家指導員の中でも、さらにそれに関わりを持つ人々との関係でも、相当以上に重い課題であった。

あるいは、このような「重さ」が、西淡路希望の家の取り組みをマイナーなものにしてしまったように感じている。

これから「法人化」を目指そうとする人々が、このような落し穴に陥って欲しくないと思う。言葉の上でどのように良い「法人化」をめざそうとしても、その職員がマイナーな意識で取り組む限り、良きものは存在し得ないと思うのである。

これからの「法人化」は、西淡路希望の家の取り組みを一つの踏台として取り組んで欲しいと願い、この試論を書いているのである。

筆者は、昨年（一九九〇年）八月から西淡路希望の家の現場を離れたが、この試論は、筆者自身のこの五年余の西淡路希望の家での取り組みの総括の一つなのである。

この試論は、西淡路希望の家での取り組みを背景として書いたため、障害者一般の問題へと一般化したい願いを持ちつつも、具体的には知的障害者のおかれた状況を基調にしている。他の身体や精神の障害の場合、具体的なところではかなり違和感があると思うので、この点はご容赦願いたい。

2. 大企業に就職するか「一国一城の主」になるか（その1）

福祉作業所が良いか「法人化」と呼ばれる法律上の（通所）施設化が良いかの選択は、例えば、大企業に就職するか「一国一城の主」になるか、という問題に似ているように思うが、結局は個人の好みの問題だったり、客観的な条件の問題だったりするように思う。

そこそこ明日への展望がたつのなら、「一国一城の主」はかなり魅力的に思える。ただ、障害者運動の中での「福祉作業所」は、明日への展望がなくても、親や「仲間」によりある種の悲壮感さえ感じさせる切羽詰まった熱情に突き動かされて運営されているように見える。そのような場合、「今」を日々何とかやりきってしまうので、問題を単純には比喩できず、議論の整理をしようがなくなってしまう。

「今」を積極的に生きている人は魅力的であり、「一国一城の主」＝「福祉作業所」は「今」しか「時」が無いため、圧倒的に魅力的なものに見えるし、そこに関わる一人一人もそこでの使命感やそこでの役割意識の達成感に突き動かされ、困難な日々を何とか乗り越えているように思える。しかし、このようなはかなさを感じさせる「魅力」を失ったとき、早晩消滅するしかないようにも思えてしまうのである。

一方、大企業への就職の場合は、身分保障がしっかりしている（明日への展望がある）ため、ぐうたらして会社の文句ばかりを言っていても何とか生きていけるかもしれない。単なる組織の歯車となっても生きていけるのである。だが、これは余り魅力的な生き方には見えないように思う。（ここではあくまでも比喩として語っているので、「会社以外に生きがいがあっても良いではないか」等とは言わないで欲しい。）

他方、「一国一城の主」の場合は、そこでの仕事を一緒に楽しめる人の人数（社員数・メンバー数）に限りがあるが、大企業の場合はそのような制限がなく、非常に多数の人と一緒に仕事を楽しめる可能性がある違いもある。

実際、西淡路希望の家を制度上の精神薄弱者授産施設とせず、「生活の場」のままで活動を続けていたら、様々な混乱と困難が出てくることで、結局のところ、今の通所者数（四〇名弱）の半数以上の人々はどこにも生きる場を見いだせなかっただろうと思うのである。

それに、「一国一城の主」になるというか、新たな「生活の場」を作るには相当以上のエネルギーを必要とするため、西淡路希望の家を創設した地元のしよう会（障害児者の生活と教育権を保障しよう淀川・東淀川区民の会）などの運動体の活動があったとしても、さらには第二の「生活の場」を作るほどの高まりがあり得たとは思えない。結局は、上記の「残りの半数以上の人々」はバラバラの力のない存在として地域の中に埋没したままの生活を送るほかなかったと思われるのである。

3. 大企業に就職するか「一国一城の主」になるか（その2）

もう少し比喩を続ける。

大企業への就職自体が世間一般ではメジャーなこととして自他ともに評価されることになる。だから、大企業に就職した人は、仮にその人が完全に組織の歯車になったとしても、大企業に就職しているとのプライドだけでもアイデンティティーを保ててしまう。

ところが「施設」の場合、第一に障害者を他の障害を持たない人々と区分して集めた場であるという事実だけで、それ自体どこまでもマイナーである。また、第二に、障害者解放運動は、「大企業への就職」を何の疑いもなくメジャーと感じる、そのような価値観の総体を根元的に批判する内容を持っている。だから、「施設」は、この運動の中では二重の意味でマイナーな存在となってしまうのである。

このように否定的な位置付けしか持ち得ない「施設」において、そこに関わる人々、即ち通所者・職員はどの様にして自己のアイデンティティーを保ち、胸を張ることが出来るのかが大きな課題となる。西淡路希望の家でのこの五年余、筆者を含む職員らは、上で述べた「施設」のマイナスイメージに囚われつつも、その思いの根っこのところでは、通所者らと共に「施設」で生きる積極的な意義を模索し続けてきたのである。

先に述べた「大企業への就職」と「一国一城の主」との対比以上に、「施設」は本質的に魅力に欠けるというマイナスイメージがあったのである。

しかも、「施設」の場合、そこに集う人々のアイデンティティーを毀損することになるため、結局、それらの人々（職員及び通所者）にとって、観念的な美辞麗句はさておいて、単なる賃労働（お金のための労苦）の場に貶められまた貶めてしまう。職員の場合は、法制度の下にあるためそれなりの給与水準が確保されるため、生きがいとしての労働でなくてもお金を稼ぐための賃労働として、自分の活動を位置付けることができるだろう。しかし、通所者にとってはどうかと考えると、賃労働というのには余りにもお寒い「賃金」状況でしかない。そうであるにもかかわらず、職員は言葉の上だけで通所者を「働く人」として位置付けまたそのように思い込ませようとすることで、彼ら彼女らは、その「工賃」が余りにもお寒い現実の故に、自分らの働きが「賃労働」以下であることを逆に思い知らされ、彼ら彼女ら自身をして普通でない特別な人々の群れに転化してしまう結果になっていた。

このあたりからも、施設が魅力的なものに見える可能性は極端に小さいものと思えてしまうのである。先に大企業と一国一城との対比で人数の問題を述べたので、これについてさらに触れると、福祉作業所という形での「一国一城の主」に慣れてきた我々は、大企業の組織形態に慣れておらず、一国一城の範囲を越える人々が集まると、もうどうしようもなくなってしまう問題があるようである。確かに一国一城の範囲にあるときには個人的なつながり合いによって「組織」を考えなくてもその運営が出来るのだが、大企業では「組織」を抜きにしてその運営はできるはずもないのである。

西淡路希望の家でも、二〇名弱の通所者で活動しているときはさほど問題は目だたず、「生活の場」の時代にそうであったように、お互いのつながり合いを基礎にして活動を継続することができていた。しかし、それが増築により定員が三七名になった途端、お互いの関係が見えなくなり、悪い意味での「管理」を先行させざるを得ない状況に追い込まれたのである。

このあたりの我々自身が「組織」に不慣れというかどちらかと言うと否定的にとらえがちなことも、「施設」を否定的に見てしまう背景にあるようである。言うまでもないことだが、「組織」が直ちに人を歯車化し無機物化してしまうとは言えない。その意味で「施設」の問題は、通所者（障害者）自身が主体的に参加できる「組織」をどの様に作るのかという問題と同一の問題であり、多分、その前提として、職員自身が主体的に運営に参加できる施設の「組織」をどのように作るのかという問題があるのだと思う。

以上、「一国一城の主になる」のか、あるいは「大企業に就職する」のかという対比で問題を考えてきたが、結論的には、そのどちらをとろうと一長一短があり、そのどちらを取るのだとしても、要は、そこに集う障害者が主体的に参加するのか、ただ「集められる」だけなのかにつきる事柄なのである。

確かに「施設」は行政も介在し「集められる」感が強いが、反面「福祉作業所」の場合も少なくとも始めは「親の意向」で連れてこられることが多く、障害者が主体的に参加したとはいい難いのが現実である。結局、そこでの活動で彼ら彼女らが主体的に参加している実感を持てるかどうかであり、職員を含む周りの人々が施設をマイナーなところとして見ている限り、彼ら彼女らもそのような周りの雰囲気に飲み込まれて胸を張ることはできないように思えるのである。

4. なぜ「法人化」なのか

以上、「施設」の問題について比喩を用いて述べてきたが、改めて何故「法人化」なのか、「法人化」することのメリットは何なのかについて述べる。

ところで言葉の用法の問題だが、「法人化」とは、既存の作業所などを法人＝社会福祉法人の運営する社会福祉施設にするとの意味であり、言葉的には「施設化」の方が適切である。何故このようなところに拘るかというと、施設の設置運営の主体である法人の問題と、実際的な事業体である施設の問題とを混同すると、後で何が何か分からなくなるからである。

法人そのものは、大方の施設職員にとって、福祉作業所の運営委員会かそれよりもっと遠い存在としてあるのではなかろうか。施設の建設は法人の仕事であるとしても、実際の運営は施設を単位として理事長が任命した施設長の下で行われるからである。法人としては職員の人事と予算・決算に関与するだけで、例えば先に述べたような施設をマイナーな存在にしないという、管理主義化克服の課題ともいえる課題に関わっては、あくまでも施設側での課題であり、法人は人事や財政、安全管理の面でやみくもに施設側をしめつけない限り（実態はしめつけが横行する場合も少なくないのだが…。）ほとんどそれに関与する余地はないのである。

そこで、施設と法人とに分けた場合における法人化のメリットというか、法人格を持つことのメリットなりその必要性について以下に述べることにする。

1．まず一般論として、「法人」という法的人格がないと、契約行為ができない問題がある。福祉作業所などの場合、その代表者が個人としてしか契約できないため、営業的にしんどいことが多いのではなかろうか。その点、法人格があれば、行政などとの契約を結ぶことができるし、資金の借入れなども法人格があれば、社会福祉法人の場合それなりの規制があるとしても比較的容易である。

2．障害者施設などの社会福祉事業法上の社会福祉施設は、社会福祉法人しか設置運営ができないため、「施設化」を目指すならばどうしても社会福祉法人の法人格を持つことが必要になる。また、最近の大きな課題であるグループホームも新しい福祉法の改正で、第2種社会福祉事業に位置づけられ、このためグループホームを開設するにも法人格が必要になっている。

3．社会福祉法人のメリットとしては、その運営する施設に対して税法上の優遇措置がある他、その社会福祉法人に対する寄付金の寄付者にも税控除の優遇措置があり、寄付を受け入れやすい利点がある。さらに、各種の民間助成金の申請ができ、施設の建設に際しては、後で述べるような公的助成が受けられるメリットもある。

具体的に社会福祉施設の施設整備の例を述べると、社会福祉法人が事業を行う場合、その建設費について国が定めた基準建設費の二分の一を国が補助し、残りの四分の一が府から補助され、そして、多分（例えば大阪市などでは）残りの四分の一を市が特別補助する制度となっている。ついでに述べると、暖房工事にも一定の上記と同様の基準による補助があり、最初に必要な設備備品類（初度設備）や授産設備にも補助がされる。このため理屈上は、土地さえ確保できていれば、国の基準の通りの建設単価・建設面積等で施設作りをする限り、ほとんど自己負担無しでとりあえず建物が建ち、活動を開始できる体制が出来上がることになるのである。

市の特別補助は各市町村で制定する制度なので除くとしても、法定された国と府の四分の三の補助と、法人による四分の一の自己負担（これも府社協や福祉医療事業団から一定の範囲で借入れができる）で、土地の確保という大問題を除くと全ての準備が出来るという建前なのである。このあたりは、「福祉作業所」の一定の限度内での補助を行って、それで打ち切りと言うのとは大きな違いである。

しかし、実は「施設」建設についても、こんなうまい話はないのだが、ここでは法人のメリットについて述べているので、そのことは後で改めて述べることにする。

次に施設の運営については、「措置費」と呼ばれる施設運営のために必要な経費が全額公的に支出される。「福祉作業所」の場合、一定額の補助金を出して後は福祉作業所の側でなんとかすることになるが、社会福祉施設の場合、基本的には施設運営の経費の全てが措置費として公的に支出され、通所者またはその保護者はその一部を所得に応じて措置費徴収金の形で行政に支払うことになる。この措置費は、西淡路希望の家の規模（定員三七名の精神薄弱者授産施設）では、通所者一人当り月一二万円ほどで、これから職員の人件費や施設の運営管理に必要な費用、通所者の給食費など「処遇」に必要な費用を支出することになる。

この措置費も決して十分ではないが、福祉作業所の補助金に比べるとはるかに多く、贅沢をしたり余分な活動をしない限り、職員の年齢層が若いうちは「余り」がでるはずである。この措置費の制度があるため、職員の身分が安定し安心して長期間勤務できるようになり、職員も一〇年、二〇年の非常に長い時間の生活を見通すことができ、これからの人生設計をそれなりに描くことができるようになるのである。

施設運営の実際については、後でもう一度述べることとし、ここではこの程度でとどめる。

5．施設建設の実際

本来はまず社会福祉法人設立に向けた準備から始まるのだが、ここでは、法人設立の手続きや法人設置の条件に関わり、厄介な書類上の手続きと、一定の要件を持った役員の候補者数名や、所定額（運営しようとする施設の年間運営費の十二分の一程度）の現金の確保等の条件をクリアすることが必要なことを述べるにとどめ、詳細は割愛する。

さて、施設の建設を行う場合、まず資金計画を立てることになるが、先に述べたような補助制度があるものの、実際上は前記の法人設立に必要な現金（運転資金）以外に、かなりの自己資金が必要になる。

先ず建設費について、国の基準の単価は建設する施設の種別によっても異なるが、概ね平米一七万から一八万程度で、暖房工事費を含めてもそれに一万強が加算される程度である。ところが、実際の建設費用は、特に最近の建設費の高騰の中で、冷暖房の設備工事費を含めると三〇万円前後になるはずである。だから、建設費の半分近くが最初から自己負担とならざるを得ないわけである。それと、門塀や敷地の整備費用や、既設建物の「こぼち」などに要する費用は補助の対象に入っておらず、これらは全額自己負担となる。要するに、基準建設費より高くついた分と、補助対象外工事費が一応の自己負担となるのである。

ところが実はこれだけでは済まない。実は建設する施設の通所者一名当りの基準面積も定められており、西淡路希望の家のような通所の精神薄弱者授産施設の場合は通所者一人当たり一五・八平米である。これも「福祉作業所」などに比べると十分広いともいえるが、作業室・更衣室・事務室・食堂・厨房・会議室その他の法定の部屋を作っていくと、多くの場合これでは足りなくなる。

というのも、広い敷地があって全館一階建てであればトイレ・洗面所も一箇所だけでよいが、都会地などで広い敷地が得られない場合、二階、三階と上に伸ばすほかなく、階段部分で余分な建設面積を必要とする他、各階にトイレなどを作るなど余分の面積が必要になり、結局基準の面積では必要な作業室等の面積を確保できなくなるのである。すると、このオーバーした分の建設費用も全額自己負担となってしまう。定員が多くて建物の建設面積が大きい場合はそれほど必要面積が基準面積をオーバーすることはないだろうが、定員が三〇名ぐらいだと基準面積だけではとても無理となる。実際、三〇名定員の通所の精神薄弱者授産施設を建設する場合、相当規模を圧縮する努力をしても、結局は五〇〇平米程度の建物が必要になり、建設単価を三〇万円とすると一億五千万円程度の建設費が必要になってしまうのである。

一方、補助金の対象となる基準面積は三七四平米、基準建設単価を一七万円とすると建設費の補助基準額が約六千三百万、その四分の三が国・府の補助額、大阪市の場合で四分の一が市の特別補助額となる。暖房設備について考えても、基準面積の全てを暖房面積に組み入れることが出来た（建築面積の中で基準面積に該当する三七四平米のうちに「倉庫」などがあると、暖房面積から控除されてしまうため）としても、補助基準額が四〇〇万円程度増えるだけで、大阪市のように特別補助がある場合でも、全部で約八千万円の自己負担が必要ということになるのである。

次に初度設備や授産設備については、足りるといえば足りる、足りないといえば足りないということになるだろう。初度設備の方は物がなければ無いでなんとかなるが、授産設備で大型の機械装置を必要とするときは、大幅に足りなくなる恐れがある。初度設備備品費の基準額は定員一人当り一〇万円強、授産設備は限度額二千万円で厚生大臣の特別承認によることになっている。西淡路希望の家の場合、後になって足りないものが色々出てきてしまったが、とりあえず最初に必要なものは初度設備備品費の基準額の範囲をちょっとオーバーしただけだったし、授産設備については特に大型の機械設備を整備しなかったので、正直のところは、実際利用できるような内容でその機械設備備晶のリストを作るのに苦労したのが実態である。最初の定員二〇名による建設時で総額五〇〇万円強だったが、もちろんその全額が補助対象として承認された。

以上をまとめると、今の設定の例では建設関係で八千万円強の自己負担が必要となる。ただ、この自己負担額の全てを用意する必要はなく、かなりの部分は府社協や社会福祉医療事業団からの借入れなどで埋め合わせることができ、実際に必要な自己資金は、多くても二，三千万円程度ということになり、これは寄付金などとして、法人として集めることになる。

なお、例えば精神薄弱者授産施設では、エレベータは設置基準外で補助の対象とならないが、実際上は必要不可欠である。このような場合、民間の助成機関による助成を求めることになる。西淡路希望の家の第二期工事（三階の増築）では、エレベータの設置を行ったが、このエレベータ棟の設置工事費総額一六〇〇万円の内四分の三の一二〇〇万円を、中央競馬会から助成を得ることが出来た。

このように、法人格を持って施設の整備を行うと、めちゃ「おいしい」話とは言えないまでも、「福祉作業所」に比べるとかなり「おいしい」面が大きいように思われるのである。

さて、このような多額の助成金・補助金を得て工事を行うことのリスクは、『施設』建設の是否の問題を除くと、とにかく書類作りが大変で専従者が多分必要になることと、一旦建設した施設での事業は勝手にやめることが出来ず、建設主体の社会福祉法人といえどもこれを勝手に処分出来ず、事業廃止の場合建物等は国庫に帰属することになるのである。

6．「施設」運営の財政

先に措置費による施設運営では、職員の年齢層が若い内は余りが出るとしたのは、措置費の単価が、例えば指導員の場合では大学卒業後一〇年弱のキャリアの人を基準に積算されている（九一年度の指導員の措置費本俸単価は約一九万円）ため、職員の平均勤続年数がそれに満たない場合、その分だけ措置費が余り、逆にそれ以上になると足りなくなるからである。

次に、設置基準による職員の配置だが、施設の種別により異なるので西淡路希望の家と同じ通所の精神薄弱者授産施設の例では、施設長一、事務員一、調理員など二、嘱託医師一、そして指導員が定員七・五人に一人で算出した数に一名を加算した数である。

ここで、上記の設置基準の職員配置は、配置しなければならない数だが、例えば施設長が指導員と同じ仕事をしてはいけない趣旨ではなく、ある程度は直接支援の活動もできるので、指導員のプラスアルファーと考えることも可能である。ただ、施設長はその施設を代表するため、対行政の仕事が結構多いほか、例えば他の団体や地域との交流活動を積極的に行ったり、就職に向けた取り組みを強化すると、対外的な折衝連絡の仕事が結構多くなり、通所者と一緒に活動する現場職員のうちには数えるのは現実的でない。また、施設長は、現場職員である指導員を組織し指導管理する主任的な役割も担うため、特にそうなのだと思う。

事務員は、施設の措置費会計を複式簿記で行う必要があり、職員の給与の計算や雇用保険・健康保険などの毎月の手続きにもかなりの手数を要し、行政書類の作成も煩雑なので、実際上、事務職として専従する体制を確保することが必要になる。また、調理員などは、精神薄弱者施設の場合は給食の提供が義務づけられ、献立表その他の帳簿類の整備も必要なので、結局は専従者を確保するほか無いかもしれないが、「調理員など」とされていることを利用し、一名を補助指導員的役割にし、調理終了後の余裕の時間には指導員補助の役割を担うことも可能だと思われる。

上で述べた配置基準上の職員数は、あるいは現在活動している「福祉作業所」よりも通所者に対する割合としては少ないかもしれない。というのも、多くの「福祉作業所（生活の場）」の場合、午前九時半頃に作業を開始し、午後の作業を終えて四時半頃に帰るという基本の作業活動の範囲を越えて、必要な通所者のための個別的もしくは集団的な余暇活動や、事業所への送迎に始まってご家庭では対応しきれない入浴支援の活動等など生活時間に関わった活動に取り組むことで職員数が増えているように思うのである。実際、西淡路希望の家でも、通所や通院の支援、あるいは各種の交流活動への参加の支援等なども含め、設置基準通りの職員配置では日常の活動をまわせないため、アルバイトも含めて二〜三名の補助指導員の独自加配を行っていた。

ちょっと蛇足になるが、この独自加配というやり方は余りお奨めできない。開設後何年かたって職員の勤務期間が長くなると、その分だけ大きな赤字を作る原因になるからである。一定の範囲での余暇活動や交流活動、さらには生活支援の活動を行うとしても、作業活動の範囲の活動は設置基準通りの職員配置で運営できるようにし、それを越える生活活動などについては、別途の助成・補助を得るように運動を行う必要があるのだと考えるのである。

とりあえずここでは、措置費はほとんど「作業活動」だけを想定していることを確認して貰いたいと思う。この確認が無いと、「施設」開設後の取り組みについて、生活支援の面などでの行政要求の内容も決まらず、運動を展開していくための課題さえ明らかにできないことになってしまうのである。

話を元に戻して、「福祉作業所」の職員数が、人数比で言うと「施設」より多くなっている理由の第二として、「福祉作業所」と「施設」とではその活動の実施形態が本質的に異なっていることを述べる必要がある。

先に、「福祉作業所」は「作業活動」以外の活動もあるからと、言わずもがなのことを述べたのは、その理由だけでは済まない問題があると考えるからなのである。

というのも、「福祉作業所」の時代の比較的少数の通所者と共に活動を行っていたときの活動形態では、通所者数が多い「施設」では混乱ばかりが多くなり、活動形態をもっと組織的なものへと根底から変える必要があり、その結果、配置職員数の頭数だけを増やしさえすればよいとの考え方を改める必要に迫られるのである。

実は、西淡路希望の家では、この「活動形態を変える必要」に気が付くのがかなり遅れてしまった。開設当初の頃には、前身である「福祉作業所」としての「生活の場」時代の活動形態をそのまま維持しようと考え、通所者の人数が増えるに従って指導員も定数以上に増やしていたのだが、通所者の数が増えるに従って、指導員の数を増やしても通所者の数の多さに圧倒され、言うならば「モグラたたき」状態になってしまったところから、ようやくこの問題に気付くことになったのである。

大企業と零細企業の組織形態の厳然とした違いと同じような問題があるようなのである。即ち、零細企業的＝「福祉作業的」方法は、「施設」＝大企業には通用しないのであって、組織方法なり通所者集団のあり方について、かなり積極的かつ意図的な対応を、少なくとも三〇名程度以上の通所者を抱える「施設」ではとらざるを得ないようなのである。

7．社会福祉「施設」とは―「施設」の問題はどこに…

次に、施設の持つ問題性について考察する。

結論から先に述べると、実は施設の問題性の本質は施設のメリットと同じ根を持つと言えるのである。というのも、人々は施設の問題点として、色々な法律上の規制を指摘するが、法律上規定されている範囲の活動内容の分しか措置費に入っていないことを除くと、「実態と制度とを言葉的に整合させる作業（＝一定の作文）」なり「実態に即した制度解釈の実施（＝行政に対峙する運動的姿勢）」を前提とすると、ほぼ問題なくクリヤ出来るからである。西淡路希望の家では、「一定の作文」をしたり、あるいは活動内容に関わる「行政指導」を「尊重して課題化する（＝無視する）」ことによって、作文のしんどさや書類作りのしんどさはあったが、行政の側からの干渉で活動内容が歪められたと感じたことはなかったのである。

そこでもなお、出てくるかもしれない問題性について以下に述べるが、この問題性が西淡路希望の家で出てきたと言う趣旨ではなく、ただちょっと気を抜くと、このような方向に流れてしまう傾向があったことは否定できないと思うのである。

一般的に「施設」には、以下のような問題点があるように思う。

先ず第一に、「施設」には制度的に運営が安定するメリットがあるが、反面、措置費で運営することは、相当以上に多額の国税を始め「公共」を使って施設運営が行うこととなり、このため施設運営に「公正」が社会的にも強く求められることになる。

即ち、社会福祉法人の会計運営に非常に詳細な手続きが定められ、複式簿記による会計処理のため素人にはほとんど手に負えないだけでなく、「福祉作業所」の比較的ルーズな会計運用に慣れた人には「管理」がうるさくなったとの印象を持つことになる。このような会計手続きの煩雑さは、「施設」の活動を消極的・管理的にしてしまう問題もあるように思う。

実際には、この会計手続きを十分把握した上で積極的な会計処理を行えば、少なくとも会計手続きで活動内容の広がりは抑圧されないが、心理的にはかなり大きな抑圧要素になりそうである。

第二に、措置費制度で運営が安定化する結果、施設運営が安定化し永続的になるメリットがあるが、反面、この「安定性・永続性」が「施設」を面白くないものにするように思える。と言うのも、「福祉作業所」では、少なくとも「面白い」取り組みをしているところでは、通所者も指導員もその関わり合いの中で「今を生き合う」ことを大切にしている事実がある。「今」を大切にする姿勢によって、生き生きとした活動が支えられていると考えるべきなのだろう。

ところが「施設」の場合は、少なくとも指導員や親には安定し永続性が担保されたと見えることになる。実際、「福祉作業所」の時のように指導員や親の頑張りによってやっと維持されるようなことはないため、日々の施設運営における緊張感が薄れ、「施設」を面白くないものとしていると思われるのである。

第三に、通所者数が多くなり、行き場の無い多くの障害者が生きる場を得られるメリットがある反面、通所者の数が多くなることは、個人間のつながりを重視したアットホームな活動様式は望みようがなく、組織化された合理的（管理的？）運営様式が必要になる問題がある。

即ち、「施設」の場合は通所者の数が多いため、通所者としての障害者個人を指導員としての健常者が個別的に支援・フォローする形では、それぞれ別個バラバラの思いを持つ個々の通所者の欲求に個々の指導員はただただ振り回されることになる。このため、多くの施設の場合、個々の障害者の諸欲求を規制しようと個別的な管理を強化したり、あるいは障害者が新たな欲求を出すことが無いようにと活動内容を組織的にコントロールすることになるのである。

例えば、施設外に出かけることは、「どこに行きたいか」「何をしたいか」に始まって、通所者の多様な思いが爆発し収拾がつかなくなる恐れがあるので、なるべくは施設外に出ないように活動内容をコントロールし、さらに例え出かけるとしても、指導員が決めたところに決められた内容で出かけることになるのである。また、外部からの「交流」も同様で、そもそも「交流」自体が施設内の安定を乱すものとしてネガティブにとらえられるだけでなく、「理解が無い」人がくると通所者に「よけいなこと」を教えて収拾がつかなくなる。このようなことから、「交流」にはどのようなものであれ消極的になり、やるとすれば施設側でコントロールできる範囲でとなるのである。

この点、「福祉作業所」の場合は、指導員と通所者との個人的つながりの中で日々の活動が行われているので、少々の混乱要素はそのつながりの関係で乗り越えることができ、むしろ、外出や外部からの訪問は、通所者がより多様な経験をし、より多様な欲求を持つきっかけになる良い機会として歓迎されることになる。

要するに、「施設」では管理を強化し通所者を指導員の手の内に納めるように運営されることが多く、これが「施設」の持つ問題点の最大のものだと考えるのだが、この問題点は、実は通所者数の大きさに最大の原因があると考えられるのである。

この「管理」の問題を「施設」は克服出来ないのだろうか？　実は、このことが本稿の主なテーマであり、西淡路希望の家での取り組みの経過から、筆者としては決してこれを克服できないことはないと考えているのである。

通所者の人数が増えることで、通所者集団としてのかたまりができ、そのことによって彼ら彼女らが自分ら自身の世界を自らの手で創り出す契機があり、ここから右に述べた問題は解決できると考えているのだが、このことは後で詳細に述べることにする。

8．「施設」の永続性の落し穴

上で述べた「施設」の安定性・永続性の落し穴はかなり深刻な問題に思える。

例えば親の場合、今まで苦労してきたから少しは楽をしたいとの思いの他に、「施設」の側からも親の参加がその維持のために必須でなくなったため、一つにはなるべく自分らの責任で活動しなければという役割意識的な意向もあり、二つ目としては、わが子にのみしかも保護的な方向性で注視することが多い「親」は「施設」にとってやはり「異」なるもので敬して遠ざけたい人々であるため、結局、親の活動参加の機会が極端に狭められることになるのである。これらのことは結局、「施設」にとってマイナスの要因となる他ないのである。

というのも、「施設」は、元来法制度に基づくもののため、常に一貫した合理的な価値基準に基づいて一貫した運営が行われると一般的にも受け止められている。このため、西淡路希望の家のように「反施設」的な思いで創設・運営されている場合、「反施設」的な（価値）基準で一貫した運営がなされるべきとなるのである。多くの「施設」はこれほどはっきりした運営上の基準は持たないため、結局、設置者なり職員なりの管理先行の理屈としての（価値）基準で運営され、職員の（価値）基準に合わないことは遠ざけられるのである。例えば、親が持つわが子のことを思う「生活者」としての感覚には脱帽せざるを得ないが、親は、わが子を囲い込みその自主的活動を阻害してしまう面があるため、西淡路希望の家のような「反施設」的な考えを持つところでも、ついつい「我々にまかして口を出さんといて」と言いたくなるのである。

「施設」が「施設」の論理で運営されるときには、いかに良い「論理」を持っていても、単一の価値体系の中に通所者を押し込め、通所者の多様性を抑圧する形で管理を強化することになるのである。「施設」を「施設」の論理だけで動かすと、それこそ「施設」は管理と抑圧・非人間化の機関となる他ない。知的障害者が大方を占める施設ではなかなか通所者が職員に対して自分なりの主張をすることが現実的に相当以上に困難な現実がある以上、「施設」の論理に対する批判軸として、「生活者」としての「親」を常に内在しているることが必要なのである。

ところが、先に述べたような施設の「永続性」は、親の安心感の中で親自身が施設の活動にコミットしていく内的必然性を失わせ、むしろ預ける・預かる関係へと転落させてしまうのである。ここに残されるのは通所者の生活者としての存在の明らかな無視であり、彼ら彼女らが主体的に生きるための手掛かりを失わせてしまうことになるのである。

次に指導員にとっての「施設」の永続性とは、自分の人生の一〇年後、二〇年後を想像できることを意味する。「福祉作業所」の時代は無我夢中で、「今」の活動をこなすので精一杯だったが、「施設」になることで自分の生活が安定するだけでなく、自分の人生の将来も見え、四〇才、五〇才になってもこんなことをしているのだろうか、との疑問を持つようになる。そのこと自体はごく自然なことなのだが、それまで「障害者と共に今を生きる」以上の言葉を作ってこなかった（作る余裕がなかった）現実もあって、通所者のきわめてゆったりとした「変化」の前では、本当に十年一日のような活動をしていることしかイメージできないようなのである。この疑問は個々の職員にとってはかなり大きなプレッシャーとなり、マイナスの価値意識を「施設」に対して持つことになる実態があるようなのである。

そうでないとしたら、変な聖職意識のようなものをどこからか引っ張り出してきて身に鎧い、「この子たちのために」等と独善的な価値意識で通所者らを引き回すことになる。多分、これまで「施設」に勤務してきた大方の指導員達は多かれ少なかれ、このような価値意識にすがりついて生きてきたのだろうと思う。そんな意味では、一概にこれを否定は出来ないのだが、とはいうものの、このような聖職意識は指導員の生活感覚を圧殺し、通所者一人一人の生活感覚と響き合うことが不可能になってしまう。これではやはり、通所者の持つ多様性を認められず、指導員の価値感覚で通所者を引き回すことになる他ないだろう。

それでは指導員が、「施設」に対してマイナスの価値意識を持つことはどうかというと、指導員が自らの施設労働にアイデンティティーを持てなくなることを意味し、指導員としての労働が一挙に「賃労働」へと転落してしまうことになる。「賃労働」として小手先で通所者らとつき合ってみたところで、彼らと人間的な付き合いが出来るはずもなく、ましてや彼ら彼女らと共に自らを拓き障害者解放の課題を実現することは不可能である。施設批判は施設批判としても、指導員が施設の中で「人」として生きていない限り、障害者の解放はおろか施設の解放もあり得ないのである。

「施設」の問題性を批判し続けながら「施設」労働に積極的に取り組む姿勢が必要なのだが、このような生き方を獲得することはかなり大きくかつ困難な課題である。

「福祉作業所」はどうしても指導員の定着が得難く、この問題を克服するため「施設」化が模索されるが、この「施設」化のメリットが、直ちに上に述べたようなデメリットとなる問題性がある。このあたりの課題をしっかりと解いておかないと、思わぬ所で予想もしなかった大きな困難を抱え込むことになる恐れがあるのである。

少なくとも、障害者解放に向けた「施設批判」という質での施設運営の論理を創り出すことが出来なければ、施設批判はそのまま施設否定となり、その「施設」の運営そのものをマイナーなものにすることで、それこそ「解放」とは反対方向にある停滞した雰囲気を作り出すように思われるのである。

9.「施設」としての活動様式の模索

筆者としては、そこで活動する通所者の数の違いから、本質的に「施設」と「福祉作業所」とでは別個の活動様式をとらざるを得ないと考えている。

ただ、この活動様式の違い自体は、良くも悪くも価値的な内容を含まず、この試論の最初に述べた「大企業に就職するか、一国一城の主になるか」との設問にも比喩されるような、それぞれ一長一短があり、結局は「個人の好み」のようなものである。

しかし、「障害者と共に生きる」ことを目指す立場でのこれまでの取り組みでは、少なくとも障害者自身がその運営にコミットすることがほとんどない知的障害者の活動の場に限って言うと、この活動様式の違いによる「福祉作業所」でのアットホームな雰囲気が、障害者にとってあるいは障害者解放の立場からはより良いものとして受け止められてきたように思う。

確かに「福祉作業所」では、通所者や指導員等そこに集う人々同士の人間的なつながりを基礎として活動が行われるため、「つながり」の範囲では互いにかなり自由であり、また互いに人間味のある暖かさの中で活動できることになる。要するにアットホームな雰囲気で活動ができるのである。

しかし、このようなアットホームな雰囲気は、少なくとも健常者である職員にとって不自然であり、当然、これら職員の通所者である障害者に対する見方をひずんだものにする恐れが大きい。

また、知的障害者の場合は、多くの場合その「暖かい」人間関係の中に埋没してしまい、圧倒的に力量が異なる健常者に依存する生き方をますます強化し、健常者ではない障害者としての自分を発見する契機をつかむことが出来なくなってしまう。それに「アットホーム」はやはり不自然で、不自由である。自立がアットホームからの脱出であるのは、健常者にだけ妥当することではない。アットホームな世界にぬくぬくとつかり込んでいる限り、少なくとも自発的に「自立への思い」が出てくる余地がないのである。

この五年余の西淡路希望の家での取り組みで、常々感じてきたのは、個別的な関係性の中で周りの健常者がいくら努力しても、障害者の主体性を圧殺する方向で動いてしまう、という事実があった。

どうも彼ら彼女らは、そのそう短くもない人生において、常に価値判断の基準を外（他者）に求めてきたため、自分と相手との関係性の中で自己決定できる自分の存在に気付く、要するに主体性を育てる機会を失ってきたようなのである。相手（健常者）の決定を自分の決定としてしまうか、あるいは「衝動」に身を任すか、そのどちらかしかないような生き方を身につけてしまったように感じてしまうのである。

要するに、親や先生などの健常者に依存した生き方を陰に陽にさせられてきた結果、身近に価値の源泉としての健常者がいなくなると自分がどうすればよいかわからなくなって不安になり、そのような状況に何度も何度も繰り返し出会うことで、健常者に依存した生き方が骨の髄まで身に付いてしまい、そこからどうしても脱却できないでいるようなのである。このため、彼ら彼女らが自分たちだけでそれなりに何とかうまくやっているような時でも、ちょっと指導員が顔を出したり口を出したりすると、もうメロメロになって自分が何をしたかったかも分からなくなり、指導員の顔色を見るようなことも何度も何度もあったのである。

結局、「こいつらには主体性はないんや」と何度も思わされることになった。彼ら彼女らのような知的障害者の「主体性のなさ」とでも言える生活様式は、どうも指導員の側の態度をなんとかするだけでは済まない問題のようなのである。

今、「施設」としての人数の多さをむしろその基礎とし、通所者らが自分らの仲間としての「かたまり」を創り出すことで、彼らの共同の主体性というようなものを明らかにし、その中で健常者の主体性に対抗し得るものとして、彼らが自分らの主体性に気付く必要があると考えている。そのような可能性を模索する課題があるように考えるのである。

問題意識として言うならば、健常者の持つ硬く・強く・刺々しくて他者との間を明確に区画する主体性と、知的障害者の持つ、柔らかく・感受性に富み・ぶよぶよとして他者との間の区分があいまいなままの主体性は、どこで交錯し得るのかと考えているのである。この両方の主体性は、どうも一対一の関係の中では両立し得ないように感じる。結局、一対一の関係の中では知的障害者の方が健常者の側に一方的に依存しアットホームな関係の中に障害者自身を幽閉してしまうだけに見えるのである。そして、このような問題意識のもとでは、知的障害者の集団的な「かたまり」としての「力」を、どの様に発揮させるのか、あるいは発揮できる条件を作るのかが課題化されることになる。

筆者としてはこの間の西淡路希望の家の取り組みで、知的障害者の、集団的というか共同的なアイデンディティーを確立する可能性を見ることが出来たと考えている。彼ら彼女らが自分ら自身の集団にプラスのイメージを持ち、その集団の「のり」の世界に自分らの共感的感受性を響かせ合うことで、彼ら彼女らは誰か一人の出来ることを自分の出来ることとし、安心できる仲間が一緒にいることで自分自身を解放し発揮していくことが出来るように思うのである。そのようなときの彼ら彼女らは決して健常者に従属する者ではなく、障害者として胸を張って周りの人々に対峙している姿があったのである。

このような形で健常者と対峙する彼ら彼女らの生きざまが明確に見られることで、「健常者への従属」という知的障害を持つ彼ら彼女らの負の生きざまを乗り越える契機を発見できたように感じたのである。

10. 「共同の主体性」を育てることを目指して

「法人化」について論じてきたこの試論において、何か話が本論からずれた感じになった。だが、筆者としては「話がずれた」つもりはなく、むしろ話をここに導くためにこの試論を書きはじめたと言って過言でない。

法人化・施設化については、そのメリットをメリットとした上で、どうしようもないデメリットである管理主義化、非人間化、非多様化ないし非自由化を克服することが是非とも必要になる。そして、そのためには、通所者自身が自らの「共同の主体性」を発揮して、彼ら彼女らが健常者である指導員に自分ら自身として対抗できる関係を創り出すこと以外にあり得ないと考えるのである。逆に言うと、通所者自身が自らの「共同の主体性」を発揮するならば、施設化によるデメリットをむしろ容易に克服できるが、そのような

「施設」の問題性に気付いていれば気付いているほど、「共同の主体性」を発揮できなければ、職員が「施設」は障害者を幽閉してしまう場となってしまうのである。

以下ではこの「共同の主体性」を育てるため、あるいはそれを発見するため、とりあえず前提的に必要と思われる事柄を、先ほどから述べてきたことの繰り返しになるが、いくつか列挙することにしたい。

A　指導員が自分の属する「施設」にマイナスのイメージを持たないことが必要だと考える。

特に障害者解放の立場に立つ人の場合、一般的な「施設批判」の立場性の中で、どうしても自分の属する施設にも批判的というか、マイナスの価値意識を持ってしまいがちになる。筆者自身、西淡路希望の家の最初の頃、こんな施設を作って良かったのかといつも思い悩んでいた。

しかし、望むと望まないとに関わりなく通所者に絶大な影響力を持ってしまう指導員がその施設にマイナスのイメージを持っていたら、そこで生活する通所者らにとってはやっと集まることが出来た場であるにもかかわらず、そこにプラスの価値感覚を持ちようがないことになる。それでは「(自分らで)集まった」と前向きに考えることができず、集められたもの同士としてつながり合うこともできないまま、バラバラの存在として指導員に従属した生き方しかできないことになる。

B　(知的)障害者を主体性の無い人として見るのでなく、健常者とは異なる形の主体性を持つ人々として、彼ら彼女らの主体性のあり様を模索する必要がある。そのためにも彼ら彼女ら一人一人の存在をプラスの存在として見る努力が必要になるのである。

筆者も含めて健常者は、障害者をマイナスの価値として見てしまい、障害者をプラスの存在としてみる態度が下手である。仮にある場面でプラスに見ることができても、それを長期間持続することはかなり困難なことのようなのである。

このあたりでは、この五年余の西淡路希望の家の取り組みでは着手さえできなかったが、社会福祉施設において作成・整備する必要がある個人ファイルを、もっと前向きに考え作成しても良かったのではなかろうかと反省している。

多くの場合、この個人ファイルは「課題」という美名で通所者個人の悪いこと・できないことなどを書くものだと決めつけて作成されていることに反発し、西淡路希望の家では、日頃の様子など当たり障りのないことを書くようにしていた。だが、むしろもっと前向きに、例えば母親が書く「育児日記」的なイメージでこれを書くことは出来なかっただろうかと今では考えている。育児日記は、これを毎日毎日書くことで母親がますます母親になると言うか、ますますわが子がかわいく見えて来る効用がある。そこで、この「個人ファイル」を、「育児日記」的イメージで書くならば、まさに母親を育てる「育児日記」と同様な意味で、指導員の通所者を見る感性を育て指導員をますます「人」として自ら育てていく契機をつかむことが出来たのではなかろうかと思うのである。

ともあれ、西淡路希望の家の取り組みでは「個人ファイル」に相当以上に冷淡だったが、指導員が、障害者をプラスの存在として見る方向で自らの感性を磨き訓練する手段として、かなりの有用性を持っているように思うのである。それに「書かれたもの」としての個人ファイルは本来的に客観性を持つので、個々の指導員の「見方」を相互批判の対象と出来るメリットもある。

C　「共に生きる」感性を持ち続けることが必要である。

上で述べた「障害者をプラスの存在としてみる」とも関係するが、これも当然のようで実はそう簡単ではない。現在の社会状況で「共に生きる」ことは不自然なことであり、だから、「共に生きる」感性がいかに優れた人でも、これを持ち続けるには相当以上の緊張と努力が必要である。

この感性をどこまで維持できるかが問題なのだが、「施設」というところは、行事や取り組みとしてはかなり多忙な反面、「変化」という視点から考えると非常にゆったりと時間が流れ、この長い時間の流れの中では共に生きる感性を維持することそのものが困難なのである。ついつい客観的視点という形で通所者らの「問題点」に目を向け、彼らをして問題点がある人々におとしめてしまうことになるのである。

先にも述べたように、永続性を確保するための「施設化」という側面を考えると、五年、一〇年、二〇年の時間間隔の中で、現代の社会常識・社会感覚に抗して「共に生きる」感覚を維持することは、「施設化」の死命を制する課題なのだが、それが何よりも困難なことなのである。あるいは、このために、上で述べた個人ファイルの作成を通して各自が自己点検を行ったり、あるいは個人ファイルの読み合わせその他の方法で指導員同士の見方を相互批判の対象にすることが、大きな意味を持つことになるように思える。

多分、指導員個人の内発的なものだけでは、この「共に生きる」感性を長期間維持し続けることは不可能に近く困難に思える。もちろん、原則的には指導員個人のレベルで、あるいは施設レベルでの対外的交流は大切なのだが、自分の感性を客観化して検証するシステムを持っていなければ、それもさして効果の無いことに思えるのである。

障害者を（「施設」に）集められた存在から、（主体的に）集まった存在へと転化していく、という（指導員の側の）課題意識が必要になるのである。

確かに現実の問題として通所者たちは、「集められた」というか「ここしか来るところがなかった」現実は否定できない。だがむしろ、そのような立場に立たされたという共通の立場性を持つことから、通所者同士の連帯感を育てることを模索できるのだと考える。まさに「ここにしか来れなく」した一般社会に共同して抗議し対峙していく仲間としての連帯関係を育てることが必要なのである。

D

「施設」における指導員の労働を、その指導員自体が自己の主体的労働として自分自身の手に取り戻すことが必要である。

これはAで述べたことと関係するが、それにしても対「通所者」と言う関係性だけでなく、自分自身との関係においても、自己の施設労働を主体的労働とするべく、施設労働の積極的意義を自分なりのものとして持つ必要があるのである。

確かに、運営委員会方式による「福祉作業所」の場合は、いわゆる「施設批判」のような問題が無いため、そこで働く指導員はそれなりのアイデンティティーを持つことが出来、その意味ではその福祉作業所における活動上の問題も少ないだろうと思う。実際にも、施設化していない運動的な「福祉作業所」の方が、ずっと「人間的」な魅力ある内容を持っていることは否定しようがない。

だが、このような運営委員会方式による「福祉作業所」の場合、二〇年、三〇年という人生の長さに対応した時間間隔で考えると、どうしても永続的なものとは考えられないため、指導員が定着しないか逆に幻想に包まれたマンネリ化を招くように思える。

時間的永続性の保障を目指して「施設化」が行われるが、施設化で指導員の身分保障が確立すると退職する理由がなくなるかあるいは先に述べた「幻想」そのものが破れることになり、指導員自身その労働を一挙に「賃労働」化してしまうことになる。このような「賃労働」の質において、通所者の「労働」を取り戻す取り組みが行えるはずもないし、そもそもそこに通所者との人間的関係ができる余地はない。

ともあれ、指導員が意識的または無意識的に自己の労働を「賃労働」と位置づけたときから、「施設」に関わる諸問題の多くが発生するのである。そしてこの問題の背景には、障害者解放運動における「施設批判」の単純な「輸入」があり、また、現在の全般的な労働運動の状況が持っている諸問題がある。「賃労働」ではない「労働」をどのように自分らのものとするか、要するに観念的にあるいは「輸入」として「運動」を目指すのではなく、日常の障害者支援の現場での労働を、それこそ通所者である障害者との生身の付き合いを通して、自分自身のものにしていく努力が必要なのだと考えるのである。

11．おわりに

この試論は、しよう会の生活の場の運動等、「施設化」を目指す動きが最近少しずつ出て来つつある現状の中で、やや先行した事例としての西淡路希望の家の過去五年余の経験を伝え、その経験を押さえたところで、「施設」でのこれからの実践を始めて貰うために書いたものである。その意味では、かなり踏み込んだ書き方をしているところがあり、とりわけ「福祉作業所では…」と書いているところなどでは、色々な反論も出て来るだろうとは思っている。出来れば「これは福祉作業所についての評論ではない」ことを考え御容赦いただきたいと思う。

筆者としての「施設」に対する根っこの思いは、指導員などの障害者と関わる仕事が一部の「若者」や「奇特な人」に支えられるのはヘン、というところにある。もちろん、誰でも良いとわけではないし、障害者のおかれた状況に一定の理解は必要であろうと思うのだが、それにしても、もう少し普通のこととしてあっても良いのではないだろうか。

それともう一つ、「施設」における活動の目標について、確かに原則論としては障害者たる通所者の「就職」が目指されるべきだが、実際には「就職」が現実的には無理と思われる人がおり、ただ原則論として「就職」を目指すだけならこれらの人々が疎外されてしまいそうである。「就職」へのステップ、あるいは就職を目指しての（永遠の）仮の宿として「施設」（この場合は「福祉作業所」も含まれると思うが）を位置付けるだけでなく、もっと「施設」での活動そのものをこれらの人々の労働として位置付ける必要を考えるのである。そのような意味において、筆者としてはこの就職が「無理」と思われる人に寄り添って、問題を考えたいと思ってきた。

第2章 「共生」保育・教育の課題を求めて

1．はじめに

一九八七年春に、その前年に保育所聖愛園を卒園した林田君（仮名）のことに関わって、林田君のお母さんが「共生の理論」第7号の座談会「原学級保障の内実を問う」で「学校の先生は何もせんといて欲しい」と発言し、また、同誌に掲載された筆者自身の小文「共に生きる教育を求めて」で、学校に在学する障害児について《先生が何かをすると言うことは結局「教える」ということでしかなく、それはその分だけ友達との関係の中で生きる機会を少なくすることにしかならない》趣旨のことを書いた。「先生」は学力とか能力を伸ばすことにしか目が行かず、子どもたちの仲間関係を潰すだけでなく、障害児本人の生きる力を育てることにもならないと感じていたからである。

これに対し、「共生の理論」第8号の《「ともに学ぶ教育」と「できること・わかること」》で宮崎隆太郎氏から懇切なご批判をいただいた。先生に「何もせんといて」と言うのは余りにも乱暴な言い方であって、教師たるものは障害児の「できること・わかること」に向けてもっともっと真剣な努力をするべきではないかとの趣旨であった。「何もせんといて」式の言い方では、結局やる気の無い教師は図に乗って、単に障害児を放置してしまうだけであり、障害児の「出来たい・やりたい」気持ちをないがしろにすることになると提起され、ご自分の実践をも紹介しつつ「できること・わかること」にもっと丁寧であろうと提起された。

筆者としては、この「共生の理論」第8号の宮崎氏の提起について、どうしても違和感があったので、「共生の理論」第9号の《「共に生きる力」を拓くことをめざして》で、教師が対個人の関係で教え込んだものとしての「できること・わかること」はほとんど意味が無く、周りの仲間たちとの平場の関係の中で、出来ようとし、あるいはわかろうとする気持ちを育てることが大切である。教師の教え込もうとする態度は、むしろこのような気持ちを育てることを邪魔するだけである、と提起した。

先の「共生の理論」第8号の宮崎氏の論文に対しては、別に坂上優子氏から「共生の理論」第10号の《「ともに学ぶ教育」の「きわどい話」》でも議論の提起があったが、この坂上氏の論文と共に「共生の理論」第9号の筆者のものも含めて、「共生の理論」第11号に再度宮崎氏は《普通教育に評論は通じない…枝本・坂上両氏への反・反論》と題する論文を寄稿された。宮崎氏はこの論文において、筆者の主張について「気になる『集団』至上主義」との中見出しをつけて、「できること・わかること」が増えていく喜びが、必ず「集団」や「なかま」に還元されないと意味がないというのは言いすぎである。…自分一人で喜ぶこと、心に秘めた喜びというものも時にはひじょうに大事な面もあるのだから。と批判されている。

筆者としては、この「共生の理論」第11号の宮崎氏の反・反論について、もう一つ納得できないところがあり、もう少し自分の議論を整理したところで、再度の議論の提起をしたいと思ってきた。断わっておくが、

「集団至上主義」との決めつけが納得出来ないと言っているのではない。もし宮崎氏がそうだと言うなら、筆者自身「集団至上主義者です」と名乗っても良い。「集団」という言葉を組織的な形態を持ったものに限定して考えないという前提に立ってではあるが…。

ところで、以上のような議論は、当時在職していた通所の精神薄弱者授産施設である西淡路希望の家での取り組みと、それ以前に約五年間在職した保育所聖愛園の「障害児」共同保育の取り組みの中で考えてきたことであった。

このようなことを考え始めた最初のきっかけは、保育所聖愛園の「障害児」共同保育の取り組みであった。障害児と健常児が共にあることを前提とした保育とは何かを追い求める中で、子どもたちが子どもたちの関係の中で育ち合うことを最も大切なこととしてきた。これは、当時の保育者たちの語り口で言うと「先生はあんたらが卒園したら、それでもうお別れや。林田君と一緒に生きていくのはあんたらなんやから、あんたらが林田君のことを考えな、誰も考えてくれへんねんで」ということになる。林田君と周りの子どもたちとの関係を育てようとしてきたのである。

このような考え方を持ちつつ筆者は、一九八五年四月から西淡路希望の家に転出し、そこでの取り組みを始めた。この西淡路希望の家での取り組みの中で感じたことを下敷にして、この間の議論を行ってきたつもりである。

この度、この五年余の期間在職した西淡路希望の家を去り、古巣の保育所聖愛園に戻ることになった。筆者としては、この間の西淡路希望の家の取り組みの中で感じ考えたことをまとめ、私的な形ではあっても総括する必要を感じるようになった。

　その意味でこれは筆者自身にとっての西淡路希望の家の「卒業論文」のようなものだと思っているが、併せて、先に述べた宮崎氏との議論の延長線上でこれを書いたつもりもあるので、「共生の理論」での議論の続きともいえる。

2.「共生」的「集団」を求めて

イ．人と人との関係の集まりとしての「集団」

「人は共に生きる存在である」ことを認めるところから、共生保育・教育は出発したと思う。

　我々が、共生保育・教育の言葉を新たに作り出してまで提起してきたものは、単なる「障害児も健常児もみんな仲良く」的な美しいものではない。人が生きることの本質そのものが「共に生きる」ことなのだよ、との主張なり提起を含んだ言葉として「共生」があった。いま共に生きることが困難になっているとしたら、それこそが「おかしい」ことで、あなた自身の「生」が寂しい世界におとしめられていることなのですよ、と考えたのである。

　だから、筆者としては、人と人との集まりとしての集団がどの様にして「共生」の関係を持つのか、そこに生きる「個」はどの様に「自分」を発揮し自由であり得るのか、が最大の関心事である。逆に言うと、ある種の集団で、どうして個が抑圧されてしまうのか、また自分を自分自身で抑圧することになってしまうのか、を考えてきたのである。

確かに、我々は戦後、「西欧風の個人主義的感覚」をイメージしての「主体性」の確立を目指してきた。保育教育の目的もかなり大きな部分がここにおかれてきたといっても過言でない。

戦前、我々日本の民衆は民族主義的な全体主義思想に取り込まれ、疑似主体的に戦争に馳せ参じてしまった。そこで、戦後社会は単に教育の世界だけでなく社会的風潮としても、日本の封建性の残りかすが、天皇制を頂点とする古い共同性の下に人々を閉じ込め、一人ひとりの自由を阻害していると考え、このような共同性の束縛から自由な「主体的」人格を育てることを最大の課題と考えてきたように思う。

だから、自分のことを自分ですることが最も大切なことと考え、例えば保育所では、自分のパンツを中途半端に上げたまま友達のパンツを上げに行こうとする一・二才の子どもにさえ、保母は「自分のこともちゃんとできへんのに！」と、先ず自分ことを自分でするように教え込むことになる。

この結果、そのような主体性を我々はかなりの程度獲得したのだから、これは戦後教育の成果として誇られてもよいと思う。

だが反面、我々は、個人やその主体に対して外側から対峙するものとして集団を考えるようになり、また、自分自身を孤立的な存在として感じるようになってしまった。この結果は、人々は身の周りに何かスースーとした冷たい風が吹いていると感じ、自分が「寂しい」存在と感じるようになることだった。

このような「寂しさ」を最初に感じたのは、障害児の親であり、また子育て中の母親たちであったのかもしれない。彼女らは、のっぴきならない所で共に生きる関係を持たされていたため、全般的な「寂しい」状況のもとではその共に生きる関係が閉じ込められ、生き難くされてしまうことに気付かざるを得なかったのであろう。

ロ．個を拓く集団と個を抑圧する集団

「集団」を「外なるもの」とだけ捉えていては、問題は解決しない。だが、実際問題として、個を拓く集団もあれば、それを抑圧する集団もある。しかも、前者であったものもちょっと気を抜くと、あるいはその集団がちょっと永く続くと、一挙に後者に転落してしまう。

何故、集団の中には「個を拓く集団」と「個を抑圧する集団」があるのか。また、同じ集団でも、前者であったものが、ややもすると直ちに後者に転落してしまうのは何故なのか。それぞれの個を抑圧することがなく、むしろお互いの主体性をより助長する集団を創り出し、また、そのような質を維持するためには、どのような態度・姿勢でその集団と関われば良いのか。集団自身、どの様なシステムを持つことで後者への転落を免れることができるのか。等などが筆者の問題意識なのである。

障害者の場合、どうしても一人で生きることが困難であり、何らかの形で他者との関係を持たざるを得ない。「他者との関係」がある程度恒常的になると、それは直ちに「集団」の問題となるからである。だから、筆者は自分を「集団至上主義者」であると思っている。共生教育を求める基本的立場がここにあると思うからである。

ハ．「心に秘めた喜び」考

人には「人知れず喜ぶ」というか「心に秘めた喜び」があるのかもしれない。そうだとすると、このような「個人における喜び」を無視ないし否定しようとする筆者の主張は、容認し難いものに見えるのかも知れない。

だが、「心に秘めた喜び」が本当に誰とも関係性を持たず、個人の中に内向されただけであるなら、それは「共生」を追い求めるものにはほとんど意味がない。その個人にとってそれがいかに重要（と思い込ん）だとしても、それはその個人が勝手にそう思えば良いのであって、「共生」を求める保育・教育の課題にはならないと思うのである。

そもそも、「何かができた！」という個人の喜びは、それを誰かに共に喜んで貰いたい思いへと直ちに発展していく。人はこのような発展のプログラムを予め持っているのだと思う。このような気持ちの発展がなければ、「何かができた！」という彼の喜びは彼の中にだけとどまり、彼の人生は寂しいものになるしかない。

だから、保育教育の現場で言えば、この「何かができた！」という個人の喜びを、「誰かに共に喜んでほしい」思いへと直ちに発展するものと考え、このような思いを育てる足掛りとして大切に考える必要がある。彼や彼女が自分の喜びを誰に共感してもらいたいかが、最も大切であり、この「誰」を教師や親などの目上の者から平場の仲間関係へと広げることが、大切なのである。

さらに、「心に秘めた喜び」に立ち入って考えると、喜びの共感を求める対象者がいないというより、対象者が抽象化されて具体的な対象像をイメージしにくくなっているだけに思える。対象者が抽象化されたとたん、その対象者が居ないかのように思い込み、私個人の中に何かがあると思い込むまでに、人は「共生」を忘れてしまっているのではなかろうか。

「心に秘めた…」とはちょっと違うが、「人知れず…」で思い起す著名な書物に樺美智子の遺稿集「人知れず微笑まん」がある。この場合の「人知れず」は、人類（日本人）総体なりその将来の歴史（生の営み）を対象者とし、そのような人々が共感してくれるなら「今、具体的には…」というようなものであろう。このような感性は、隣人たる仲間との共感を求める感性の、さらにその先にしか有り得ないのだと思う。

上に述べた共生的な「心に秘めた…」の他には、もっと個人的なというより競争主義的な感性に基づく「喜び」もある。「あいつに勝った」とか「誰々を出し抜いた」とかである。この場合、その喜びは共感を誰かに求めるのではなく、個人の中に内向されることになる。このような喜びは競争主義的・個人主義的な世界の中で孤独化され歪まされた感性でしかない。もっと共生的な喜びの感性を育てる必要があると思うのである。

3．周りに「気」を向ける感性（西淡路希望の家の現場から—〈その1〉）

イ．冷たい風が吹いている

一九八五年四月に開設された西淡路希望の家では一九八九年四月に増築工事が終わり、二五名定員から三七名定員になった。

それまでは地元の小中学校、さらに準高(注)を卒業した人々を中心として運営されてきた西淡路希望の家であったが、この定員増に合わせて、就職失敗などで長期間「在宅」だった人々や、よその授産施設を期限切れで退所した人々、養護学校高等部を新たに卒業した人々などが入所し、これにより大きく雰囲気が変わったのである。

(注)　地元の中島・淡路両中学と柴島高校の教師らが自主的に柴島高校内に開設した教室。上記両中学の障害を持つ卒業生らが3年間日々通級し、柴高生らと交流しつつ学んだ、障害児の高校に準ずる学びの場ということで「準高」と呼ばれた。

ことは一九八九年の秋頃、「この頃何か冷たい風が吹いている」と感じたところから始まる。

西淡路希望の家の軽作業（内職）は、従事する通所者の人数も多く主要な活動なのだが、この軽作業（内職）の仕事に向かう通所者らの全体的な雰囲気に、何かよそよそしいものが感じられたのである。特に「仕事ができない」とみられている人々を「無理に仕事をさせているのではないか」と感じる場面があったり、あるいは逆に、「『仕事をしたくないならそれはそれで良いやないか』と、冷たく突き放しているのではないか」と感じる場面が見えてきたりした。

彼ら彼女らの行動として具体的に何か問題が見えたわけではない。仕事への不参加も「今は本人の気分が乗らんのやろ」と思える範囲での「いつものこと」だったし、一部にあった登所拒否も一応は本人なりの個人的理由が考え（このことはもう一度評価し直す必要があると思うが…）られた。ほとんどの人々はまだまだ勇んで登所し、楽しく仕事に取り組んでいたようには見えていたのだが、それなのに「何か冷たい風が吹いている」と感じられたのである。

ロ．これまでの西淡路希望の家は

思い起こすと、一九八九年度以前の西淡路希望の家では、「仕事」に参加する一人一人の通所者が互いのことを気に止め、互いの存在を一つの「ハリ」にして、通所者全体として仕事を進めてきていた。通所者集団全体として仕事への「ノリ」を作り出し、そのような「ノリ」でお互いに助け合いながら、全体として生産を上げるというようにして取り組みを進めてきていたのである。

この頃の指導員の語り口だと、「自分一人、仕事ができたからといって、なんぼのものやねん」「自分らこの世の中から差別されて、就職もうまいことといかんとここに来とるんやろ。その自分らがここでもお互い差別し合っとったら、結局、自分らも差別されてこの世の中から追い出されることになるんやで」となる。

「自分一人ががんばる」ことが、結局、今の社会の差別構造に組み入れられることになる、と繰り返し語ってきていたのである。

だから、従来の（一九八九年度以前の）西淡路希望の家では、通所者同士での助け合い（「助け合い」と言う物理的な行為を表す言葉でこれを表現することに困難を感じる。語感としては「助け合い」内容を含んで「支え合い」？）のもとで日々の活動が行われ、暖かく楽しい雰囲気で日常の活動を行うことができていたのである。

当時の西淡路希望の家での「仕事」は、通所者の「生きがい」としての仕事であり、通所者同士のお互いの仲間関係を育て合うものであった。「仕事をする」ことが自己目的化されることもなかったのである。

ハ．一九八九年度の西淡路希望の家

一九八九年度になって増築工事も完了し、大勢の新しい通所者が入所するとともに西淡路希望の家の状況が一変した。

始めの頃、みんなが新しい部屋での活動に慣れないだけでなく、新しい仲間の参加にも戸惑い、西淡路希望の家全体が騒然とした雰囲気の中にあった。それぞれが落ち着ける場を見つけられずにおり、指導員も日々そのときそのときの出来事に対処するのが精一杯で、毎日毎日疲労こんぱいの日々が続いていたのである。

このような混乱の中で夏が近付いてきた。夏期活動の時期は、多数の交流者が交代で来所し、準高生も毎日登所するようになって、西淡路希望の家にとっては激動の時期である。この激動の時期を乗り切るため、西淡路希望の家の活動をもうちょっと落ち着いたものにしようと、夏期活動の直前の頃、いくつかの対応を行なった。班活動を強化して各班毎の通所者同士の関係性を深め、これにより本来の西淡路希望の家の活動パターンを取り戻そうとしたのである。

この頃は、後に述べる「お互いに『気』を向ける感性」の視点も持っていなかったため、集団の規模を小規模に変えるだけで問題を解決できると考えていた。

というのも、当時は、二五名定員の体制の時のまま、通所者らは手織り部と軽作業部とに大きく分かれて日々の活動をし、指導員もこれらの各部に事実上二分されて活動していた。このため、手織り部でさえ一〇名以上、軽作業部では二〇名以上の通所者が、その大所帯のままで活動を続けており、このため、あちらにぶつかりこちらにぶつかるということになる。このような大所帯での活動では、結局、通所者同士の関係が疎遠になる他ない。通所者同士の「かたまり」が出来てこないため、もう一つ活動が安定しないと感じていたのである。

確かに、「集団の大きさ」に問題がないわけではない。活動単位がせいぜい十数名のときは、組織化のようなことを余り考えなくてもアットホームな雰囲気で活動できていた。が、活動単位の人数が増えてくると、そうも言っておれない。ただ、集団の規模を小さくすることは、通所者同士の関係を親密にするが、反面、指導員の側がよっぽど注意しないと、指導員の無意識の管理が強くなることを、ほとんど考えていなかったように思う。

ともあれ、夏期活動直前の時期から活動単位の規模を小さくし、これにより、秋が近付くに従って徐々に安定を取り戻してきた。が、その活動の安定化と共に出てきたのが、「何か冷たい風が吹いている」という気分であった。

二．「仕事」を通しての活動の安定化

この当時、「仕事」という言葉は、それぞれがこの言葉に込めた内容はかなり異なっていたが、新旧両方の通所者らに通じる共通の言葉ではあった。

以前からの通所者は先に述べたように、「仕事」も仲間関係の中で行い、また、仲間関係を育て合うために仕事をする雰囲気を持っていた。

これに対し、新しい通所者は、従来の通所者に比べて障害が軽く、よりハッキリと自分の意志を表明できる人々で、作業能力的にもかなり高い人が多かった。このためかどうか、「仕事のために仕事をする」雰囲気があり、自分だけはしっかり仕事をすれば良いんだという意識を持っていたように思う。

「仕事をしよう」との声掛けは新旧双方の通所者に通じ、しかも「仕事をする」ことで、西淡路希望の家内の活動にもそれなりの安定が得られる。そこで、さらに指導員の側もしっかりと仕事をしようと呼掛け、「仕事」を軸に西淡路希望の家の活動を回すことになる。この結果は当然、みんなもますます仕事へ仕事へと向うことになる。しかも、従来の通所者に比べて新しい通所者の方に喋れる人が多かったため、新しい通所者の質での仕事への取り組みが主流を占める様になってきた。

このようにして、仕事に向かう雰囲気に何かよそよそしいものが感じられるようになったのである。「無理に仕事をさせているのでは」と感じる場面があったり、「『仕事をしたくないならそれで良い』と、冷たく突き放しているのでは」と感じる場面が見えてきたりした。また、お互いの「助け合い」は、従来の自然な「心」あるものから、何か「お仕事」としての雰囲気を持つようになった。それまでしていた軽作業の仕事を中断してA君はB君のトイレ介助の「仕事」に行く、という雰囲気を持つようになったのである。

このような状況こそが「何か冷たい風が吹いている」と感じた状況であった。

ホ．「冷たい風…」の総括 その1

一九八九年度の総括の段階になって、やっと、この冷たい風の正体を「通所者の一人一人が互いのことを気にかけながら仕事をする風習が薄れてきたから」と考えるようになった。

それでは何故、冷たい風が吹くようになってしまったのか…。

どうも、集団の規模だけの問題ではないように思えた。「活動の安定化」ではそれなりの成果が得られたにも関わらず、このような問題意識が出てきたのである。新しく西淡路希望の家の仲間となった通所者の「質の違い」を考えないわけにはいかない。

従来の通所者と新しい通所者との大きな「質」的な違いとして、大ざっぱに捉えると、原学級保障の教育を受けてきたか否かがある。

原学級保障の教育と縁のなかった人々は、家や養護学校、元の職場などで「自分のことさえちゃんとできんのに、他人のことに構うな」という言葉で、自分のことだけを考えるように教え込まれてきたに違いない。彼らは「自分のことを自分でする」世界に必死で入り込む他なかったのだろう。

彼らにとって、「仕事をするために仕事をする」形で、与えられた仕事にわき目も振らず取り組むことが最も良いことであり、「自分で自分の仕事をすること」が唯一最高の価値とされてしまっていたのだと思う。

他方、これまでの通所者のほとんどは、ずーっとこの地元の原学級保障の教育の中で小中学校時代を過ごし、そして、柴島高校の準高で三年間を過ごしてきた人達である。このためそれぞれの通所者には、「お互いのことを気にし合う感性」というか、「お互いに『気』を向ける感性」を入所の最初から持っていた。このような感性を基調にこれまでの西淡路希望の家の活動が行われてきていたのである。だから、通所者同士の「助け合い」は、単に物理的な行為としてのそれではなく、もっとお互いに支え合う内容としてあった。例えば、A君はB君の生活上の手助けをすることで、彼の生活を支えるだけでなく、A君自身もB君に支えられていることを実感する、そのような仕方で日々の活動が行われていた。

確かに、従来からの通所者には、互いに「気」を向ける感性が入所前から育っていたのである。ただ、これが余りにも「普通」であったため、「共に学ぶ教育」の成果と気付かないまま、一九八八年度までの取り組みを進めてきていたのだった。

一九八九年度になり新通所者を大勢迎えたとき、本来指導員としては、西淡路希望の家全体が「仕事をするために仕事をする」雰囲気に向かうことを予測し、また、「自分のことは自分でする」ことに執着する傾向が強くなることを予測するべきであった。だが、このような配慮が無いまま「仕事をしよう」という言葉掛けを行っていたのである。

これでは「仕事をするために仕事をする」傾向が強められるのは当然のことであった。

一旦、このような雰囲気が西淡路希望の家の主流を占めると、従来からの通所者は「互いに『気』を向ける」ことができて他者への感受性に優れていたため、このようなマイナスの雰囲気の世界に同調してしまい、そこに引っ張られて行った。

言葉的には矛盾しているようでもあるが、他者に対する感受性に優れているためにこそ、他者に無関心で自分のことを自分ですることにのみ「気」を向けている人々の感覚世界に同調し、「共に」西淡路希望の家の中に冷たい風を吹かせることになったように思えるのである。

へ.「冷たい風…」の総括 その2

「冷たい風…」の背景として、お互いのことに「気」を向けなくなったことに気付いたのは、すでに一九八九年度が終わろうとする頃であった。以前はお互いのことに「気」を向け、全体が一つのかたまりとして一体感を持って仕事に取り組んでいた。ところが、最近の彼ら彼女らは、自分で自分の仕事をするようになり、それぞれが自分の仕事に閉じ込もって自分さえ仕事をすれば良いという雰囲気になっていたのである。「自分のことは自分でする」を最大の価値とし、他者に「気」を向ける暇（いとま）さえないままに冷たい風が吹く世界は、要するに「個人主義」「能力主義」の世界であり、まさに健常者の世界そのままであった。

健常者世界の価値観の中では、仕事をすることはただ仕事をすることであり、「お金」のために仕事をする（賃労働をする）ことにしかならない。まさに、「自分のパンツも上げられないのに、何でお友達のパンツを上げようとするのよ！」という価値世界に住んでいるのである。

以前の西淡路希望の家でそうであったように、仕事をすることそのもので仲間関係をつなぎ、仕事をすることそのものを「労働」として解放することは、健常者世界の価値観では不可能なのかも知れない。ともあれ、「互いに『気』を向ける」感性は、地元の小中学校、そして準高での「共に生きる」教育で育てられた感性であり、これは「個人主義」や「能力主義」を乗り越えようとした中で実現できたことであった。

筆者には、このような感性を育てることが障害児に限らず健常児には特に大切なことに思う。あるいは、自分のパンツは放っておいても、友達のパンツを上げに行こうとする、一・二才の子どもたちに学ぶべきことなのかもしれない。

4．共生的主体性を求めて（西淡路希望の家の現場から――〈その2〉）

イ．主体性シリーズ

彼ら通所者を個別に見ていくと、彼らが出来ることは余りにも少ない。だから「主体性」という言葉で通常思われることとしての「自己決定」や「自分のことを自分でする」を個別的なこととして考えると、結局

「彼らには主体性が無い」との結論にしかいきつかないことになる。このような彼らの「主体性」とどの様な付き合い方をするのか。このあたりの課題意識でこの五年余の西淡路希望の家の取り組みを行ってきたつもりである。

そしてそこで基調として考えてきたのが、「共同の主体性」という視点だった。

具体的には、通所者の一人ひとりに対して指導員が個別に指導（つきあう）するのではなく、通所者の集団（かたまり）に対して、この「かたまり」そのものが自分らの置かれた立場を受け止め、「共同の主体」として自分らが主人公となって仕事や生活を担えるよう願い、職員集団として取り組みを進めるべく考えてきたのである。

時間は前後するが、八七年度も終わりの頃から始まった「主体性シリーズ」は、まさにこのような内容のものであった。

当時、軽作業を中心とした西淡路希望の家の「仕事」は、通所者が指導員の「仕事」を手伝う雰囲気になっていた。もちろん、始めの内は、というより指導員の主観では、指導員が通所者らの「仕事」を援助し、手伝っているつもりではあった。

ところが、西淡路希望の家では重い障害を持つ人が多く、細かく分業化した各パートでも一人では担いきれない人が何人かいたため、勢い指導員が実際に作業工程の中に加わらなければ、ほとんど作業が進まない実状があった。だから、指導員も一緒に作業に参加し、全体がうまく回るように周りに声を掛けながらも、自分の分担の仕事に熱心に取り組んでいた。

指導員としては、それなりにうまく西淡路希望の家は動いていると納得していたのだが、ふと気付くと、通所者が指導員の仕事を手伝っているかのような雰囲気がいつの間にかできあがっていたのである。「主体性シリーズ」は、この雰囲気を何とかしなければ、通所者のための西淡路希望の家が指導員のための西淡路希望の家になる、との危機感を持って取り組まれることになった。

まず第一に、作業開始から終了までの時間の管理や、作業工程の分担等の作業管理、その他の管理の主体を通所者（通所者のかたまり＝集団）に移し、自分たちで自分たちの仕事を回すことを目指し、第二に、一定コントロールされた形であるとしても彼ら彼女らの手に「失敗する経験（ドキッとする経験）」を返すことを課題としてきた。

と、このように整理すると何か美しい話になるが、実は、この「主体性シリーズ、一九八七年度の終わりの頃、五人の指導員の内の二人が続けて退職し、指導員だけで西淡路希望の家の活動を回すことが困難になって、「もう、どうしようもない」と始まった取り組みである。余り自慢できる話しではない。

まさに、通所者らにとっては晴天の霹靂のように、「突然ですが、今日からあんたらで活動を回して下さい」との指導員の言葉が頭の上から舞い降り、始まった出来事であった。そこでは通所者の主体性も何もない。まさに指導員の引き回しとしか言い様のない事態であった。

ロ．第１期主体性シリーズ

この「主体性シリーズ」は、当初指導員の苦し紛れの策であったにも関わらず、思いの他すんなりと実現してしまう。「エッ、本当に彼らにはこれだけの力があったの」「今まで『指導員がして上げねば』と思い込んで来たのは何だったの」等と、指導員の側はびっくりし慌てることの方が多かった。

「びっくりし慌てる」のは指導員だけで、通所者たちは指導員らの予想をはるかに上回って、何人かのリーダー格の通所者を中心に「すんなりと」日々の活動をこなして行ってしまった。

もちろん失敗がなかったわけではない。ある時などは内職業者が製品を引き取りに来たときにほとんど出来上りの製品がなく、その内職業者にこっぴどく叱られて、通所者を代表して交渉に当たっていたリーダー達がひどく落ち込んだ場面もあった。が、ともあれ作業は彼ら彼女ら自身の手で回され始め、彼ら彼女ら自身が彼ら彼女ら自身の手で仕事を担って行く雰囲気が一挙に作られることになったのである。

一九八八年度に入ると、作業活動＝仕事の運営を何人かのリーダー格の通所者を中心として通所者集団（かたまり）が行うことがかなり実現していた。

夏になり、その作業者としてリーダー格の通所者の中でもその中心にいた杉本さん（仮名）が、我々の地元の障害者運動の中で建設したコーヒーショップ「Aiはうす」に転出する。西淡路希望の家としては杉本さんを抜いたところで、日々の活動を回していかねばならなくなったのである。

実は、これが大混乱のもと（西淡路希望の家という所は、年中混乱している所なのだが）。今まであれほどうまくいっていると思い込んできた「主体性シリーズ」なのに、杉本さんがいなくなったとたん、他のみんなは何をしたら良いのか分からなくて混乱するばかり。指導員をして「主体性シリーズ」は杉本さんの主体性シリーズでしかなかったのかと、嘆かせることになった。

杉本さんは、地元の小中学校、そして柴島高校の準高と原学級保障の教育の中で育ち、西淡路希望の家の前身の生活の場の時代からの人で、しかも最も永く在籍している人の一人である。その分、「互いに『気』を向ける」感性を元々持っていただけでなく、指導員が言葉に出さなくても、今何をすれば良いのか分かっていた。彼女はほとんど指導員の代弁のようにして他の通所者に対処でき、直接的な指導員の言葉かけなしでも、指導員の代理として日々の活動を行うことができていたのである。

ハ・第2期主体性シリーズ

杉本さんが抜けた後の西淡路希望の家の主体性シリーズは大混乱に陥るが、あるいはこの時から真の意味での主体性シリーズが始まったのかも知れない。

杉本さんが抜けた後、残りのリーダー達も徐々に力を付け、秋になるとかなりの落ち着きを見せるようになった。といっても、以前、杉本さんがいる時代のかなりしっかりとまとまりを見せトラブルも少なく、その意味での管理が行き届いたものではなく、通所者同志の喧嘩などのトラブルはかなり多くなっていた。その代わり、このようなトラブルの渦中においても、何とか相手のことを尊重しなければとの思いが底の方にあり、トラブルそのものも自分らで解決しようとする雰囲気が出てきたように感じられた。

秋のある日、リーダー格の一人永野君（仮名）が形相を変えて「僕はもう帰る。西淡路希望の家なんかもうやめる。」と、玄関を飛び出して来るのに出くわしたことがある。

彼自身、就職に失敗し長い在宅期間を経ての入所からまだ二年も経っていない。障害が重くてむしろ介護的援助を必要とする何人かの人々は仕事をしなくても良くて、何故その他の人は仕事をしなくてはいけないのか、という彼自身の疑問に答えを見つけ出せていない時期であった。そんなところで彼自身悩んではいたのだが、彼としては、ごく幼い雰囲気を持ちながらも言葉の立つ愛ちゃん（仮名）が仕事をせずにブラブラしているのは、どうしても認められないことであった。

「みんなでやらなければ仕事が出来上がらない」との思いで愛ちゃんに仕事をするように注意したのに、口の立つ愛ちゃんがまくし立てるように口応えしたので、ついに彼の怒りが爆発した。

そんなことを聞き出しながら彼と話し合い、「それやったら、仕事をちゃんとせんかった愛ちゃんが悪いんやから、何も永野君がやめんでも良いんやないか。仕事をせえへん愛ちゃんをやめさそうや」と話しかけると、「そやけどな、愛ちゃんな、西淡路希望の家やめると、行くとこなくなるもん」との応え。「そらそうやなあー。けど永野君かて、ここ辞めてどっかいくとこあんの」「ないけどなあー」…と、押し問答をしているところに、他の何人かの仲間が永野君を呼び戻しに来る。気分もかなり落ち着いていた永野君は、彼らの説得に応じて再び仕事に戻ることになった。

この永野君と愛ちゃんの大喧嘩は何度か繰り返されたが、この繰り返しの中で、永野君は愛ちゃんのことを理解すると共に、それに留まらず、彼自身それまで受け止めることができなかった「仕事ができない（彼にとって、仕事をしない）」人々を仲間として受け止められるようになっていった。

この永野君と愛ちゃんの喧嘩に限らず、このころ頻繁にトラブルが起こっていたが、これらのトラブルを通して、彼ら彼女らはその仲間をしっかりと受け止め、本当の意味で「主体性シリーズ」が定着してきた様に感じられた。

もちろん、あいも変わらずトラブルは起る。また、「そろそろお昼やから、片付け始めよう」と誰も言い出さなかったので、昼食が大幅に遅れる等は日常茶飯事である。が、それでも西淡路希望の家における彼ら彼女らの「仕事」が彼ら彼女ら自身の手に返っていった。すると、驚いたことに、生産量も、以前の指導員が一緒に作業に参加していたときより、大幅に向上したのである。

「彼ら彼女らの個々の能力はそんなに成長したとも思えないのに、何でこんなことになるんや。」「彼ら彼女らの力は本当のところはどこまであるんや。」と思いながら一九八八年度を終わった。

「主体性シリーズ」で、彼ら彼女らの個々の力は頼りなく思えるものの、通所者集団（かたまり）としては指導員らの思いをはるかに越えて、「自分ら」として力を発揮していくことを学ばされたのである。

この後、一九八九年度当初からの、先に3で述べた新通所者の参加による新たな混乱の時期に突入することになる。

5. 「ねこバス」獲得運動

イ. 主体性シリーズの継続

一九八九年度の総括では、4で述べた「冷たい風…」の総括を受け、それではこれからどうするかが課題とならざるを得ない。

「主体性シリーズ」の継続が主要なテーマとなることは、すぐにも確認できるのだが、一九八八年度の主体性シリーズをそのまま継続できるとも考えられない。主体性シリーズは、以前からの通所者の「互いに気を向ける感性」を基調とし、これが前提となって一定の成功を得たことは、既に明らかになっていたからである。

一九八八年度の主体性シリーズは、「主体性」という硬い言葉を使った取り組みにも関わらず、上記の感性のもとにそれなりに受け止められ、予測を上回る成果を上げた。今にして思うと、指導員が提起した「主体性シリーズ」は、まだ健常者の主体性の枠の中に閉じ込められていたが、そうであるにもかかわらず、通所者の側が「お互いに気を向ける感性」を持っていたため、健常者の「主体性」の持つ硬さを乗り越え、先に述べた内容で主体性シリーズを進めることができたのだと思う。

しかし、「冷たい風」が吹くようになった今の西淡路希望の家で、それが可能なのか。思い悩まざるを得なかった。

「主体性シリーズ」では、「共同の主体」という言葉を媒介させながらも、個人主義的「主体性」観（＝健常者の「主体性」観）を問い直してきたが、まだまだそれが不十分であり、むしろ「主体性」という言葉そのものを問い直す必要が感じられる。

「共同の主体」という言葉を越えて、さらには西淡路希望の家という閉ざされた場での仕事の運営主体という限定性を越えて、彼ら彼女らが自分らの要求を社会的に要求する運動の主体となる必要があるのではなかろうか。

ロ．ねこバス要求運動の提起

通所者の仲間の中には一人で通所することが困難な人が何人かいる。これらの人々は、現在は母親らが送り迎えしているが、そのお母さん達もだんだん歳をとっているし、もしこのお母さんが倒れたら…、と思う。実際、今でも雨の日など、お母さんが送り迎えできないという理由だけで登所できない仲間が何人かいる。これではいつか、これらの人々を西淡路希望の家の仲間から失ってしまう。等の話しを通所者に返し、これについての話合いを行った。この話し合いにより、通所者集団が自分ら自身の要求として、通所バスの設置を要求する運動を起こすことになった。この運動を彼ら自身が担うことで、自分らのおかれた立場と、自分らが持つ「力の大きさ」とに気付いて欲しい、との願いを持ってのことだった。

とは言うものの、彼らにとって馴染みが深い「路線バス」でもなく「観光バス」でもない、「通所バス」という概念を通所者らに伝えるのはかなり困難で、そのままではかなり少数の人々しか理解できない。そこで、アニメ映画「となりのトトロ」の中に登場する「ねこバス」のイメージを借り、「ねこバス」要求運動としてこの通所バス要求運動を起こすことにした。「となりのトトロ」では、迷子になった「めい」の居るところへ、「ねこバス」が行き、「めい」を無事連れて帰ってくれるのである。

ハ．「となりのトトロ」上映運動

「となりのトトロ」から「ねこバス」のイメージを借りたのには、もう一つ別の意図もあった。実は、一九八八年の初夏に西淡路希望の家で「となりのトトロ」の上映会を行ったが、この時の通所者らの「ノリ」

を再現したい思いが込められていた。

一九八八年初夏といえば、「主体性シリーズ」もまだ杉本さんを中心とした、今にして思えば「指導員の代弁者による管理」の傾向が強い時期であったが、それでも、通所者らは自分らが西淡路希望の家の主人公との自信を持ち始め、誇りを持って仕事に向かう態度を見せ始めた時期でもあった。

最初はある指導員の思い付きだったが、ちょうど「Aiはうす」の開店の時期であり、通所者らの開店記念として「Aiはうす頑張れ！映画会」をやることになった。

指導員や通所者の代表、さらには地域に住む有志の人々も参加して実行委員会が組織され、取り組みが行なわれた。ただ、筆者自身は、最初これに余り乗り気でなく、「通所者らがこの映画会にノレないのなら、中止した方がいい。」などとマイナーな口調を用いていた。

ところが、筆者自身を含めて指導員らの予想をはるかに上まわったところで、この実行委員会の取り組みは進められた。

上映会の日程が近付いたある日、実行委員会の会場に出かけたある指導員は、「異様な雰囲気だった」と報告する。彼が「異様な」という形容詞で表現するのは、日頃付き合いのない人々がいる場であるのに、はつらつと積極的に参加し発言している通所者らの姿が、余りにも想像外で驚異的なことだった、ということにあったのだと思う。実際、西淡路希望の家の中のようにお互いに分かり合った仲間に囲まれた場面を別にすると、日頃の彼らの姿から想像されるのは、健常者の後ろに隠れ、また何か発言するときも健常者が設定した筋書きに合わせようとする、そのような姿であったからである。

このような盛り上がりの中で取り組まれた「となりのトトロ」の上映会だから、失敗するはずもない。実行委員側の最大予想をさらに倍以上も上回る観客数の動員で、実行委員メンバーは入退場の行列の整理に忙殺され、「ただで『となりのトトロ』の映画が見れる!?」と、内心喜んでいた実行委員メンバーも、「映画を見るどころではない」との嬉しい悲鳴を上げることになった。

毎回の上映に先立ち、通所者の代表二、三名が舞台に立ち「あいさつ」をしたが、彼ら彼女らの堂々とした嬉しそうな態度には、「僕ら私ら障害者自身が主催者で、皆さんを招待し楽しい映画を見てもらうのだ」との思いがにじみでていた。

「彼ら彼女らにとって、この映画会は初めての『ハレ』の場だったのかもしれない。」とは、この時ある指導員と話し合った言葉であった。

これまで彼ら彼女らに「ハレ」の場があったのかと思う。彼ら彼女らはこれまで親や教師・周りの「仲間」など健常者のかげに隠れ、あるいはかげに押し込められ、彼ら彼女ら自身が主体者として「スポットライト」を浴びる「ハレ」の場に立つことがなかったのではなかろうか。

この時、彼ら彼女らは「ハレ」の場に確かに立っていた。この映画会の開催に向けて積み上げられてきた実行委員会のなかで、彼ら彼女らは実行委員のメンバーと共感し合いながら徐々に自分自身を盛り上げ、「映画会を開催しお客さんにきてもらう主催者＝主体者」としての自覚を高めていったように思う。そして、超満員のお客さんを動員した映画会当日である。彼ら彼女らならずとも最高に気分が高揚するときである。人に共感する力量が豊かな彼ら彼女らは、このような盛り上がりに応え、あの「舞台挨拶」になったに違いない。

「ねこバス獲得運動」のネーミングが話し合われたとき、この「となりのトトロ」の上映運動でのことがあった。

通所者らが運動の主体となるということは、一つには、彼ら彼女らにとっての「ハレ」の場を作ることのはずだし、また、あの映画会を準備するとき最初「無理やから」と反対していた親たちをも巻き込む形で取り組みが行われたように、多くの人々を巻き込む形で「ねこバス獲得運動」が進められる必要が感じられた。この「ねこバス獲得運動」。何しろ通所者集団としての自立的ないし主体的運動を創り出そうとするものであるから、一朝一夕にことがなるわけがない。

第一、ここで「自立的ないし主体的運動」という言葉を使ったが、この言葉で表現しようとするものは、少なくとも従来的な運動（論）で使われるそれとは異なると思う。

我々はその「言葉」をまだ十分に獲得し切れていない。だから、これは今後とも長い時間をかけて取り組まれる他ないだろう。

6．良知力のこと

イ．共同の主体性

この五年余、通所者らの主体性は何か、彼ら彼女らにとっての「自己決定」とは何かを模索し、これを彼ら彼女らの「共同の主体性」という視点で考えてきた。そして、この五年余の彼ら彼女らとの関わりで、彼ら彼女らの「共同の主体性」とでも呼べるものをほのかに垣間見ることができたと思っている。

知的障害を持つ彼ら彼女らは、どうしても周りの健常者に従属し、あるいは依存してしか生きられないと多くの人々から思われており、彼ら彼女ら自身そのように思い込まされてきているのだが、彼ら彼女らのそのような「生」の有り様を乗り越えたところで、彼ら彼女らには「共同の主体性」と呼べる様なものがあると思えるようになった。

彼ら彼女らの日常の在り様を見ていると、彼ら彼女らは彼ら彼女ら自身のその時の感覚的な思いだけで行動するか、あるいは「この人はこんな応えを望んでいるだろう」と周りの健常者に自分の思いを合わせているように感じる。彼ら彼女らは他者に対する感受性に優れているため、自分の感覚に対しても他者のそれにも同調し易い。多分このため彼ら彼女らが個別的な形で自分の思いを人々の前に明らかにすることを困難にし、彼ら彼女らが主体的に生きることを困難にしているように思える。

筆者自身、彼ら彼女らには「主体性が無い」とあっさり言い切った方がよっぽどすっきりする、という気分でいたことの方が多い。日々の出来事に忙殺される中で、彼らの彼女らの「主体性の無さ」に腹を立てていたといった方が正確かも知れない。

彼ら彼女らは、その知的障害による「出来なさ」を越えて、彼ら彼女らの主体的意志が明確でないように見える。彼ら彼女らの「意志」がその場限りで継続性が無かったり、余りにもあっさりと他の人に影響されてしまったりということが目についていた。「主体性が無い」と感じる場面が目につき、「これまで甘やかされて育てられてきたん違うか」と、腹を立てることが多かった。

彼ら彼女らには、失敗の経験を含め、楽しいこと・辛いこと・悲しいこと・寂しいことなど、いろいろと経験することがあまりにも少なかったように思える。一人の人として生きることは、このような多様な経験を重ねることに他ならない。が、このように普通に生きることから彼ら彼女らは疎外されてきたため、彼ら彼女らは自分自身の主体性を育てることができなかった様に思えるのである。

ロ．自己決定のこと

自己決定ということに関わっては、具体的には何が食べたいか、何がしたいか、等などを自分で決めることとして考えてきた。

時代はさらに遡るが西淡路希望の家が一九八五年春に開所した当時、西淡路希望の家の通所者の生活全体をより広げて行くことが課題と考えていた（この課題意識そのものはその後も変わらないのだが）。だから、単に西淡路希望の家の取り組みとしてだけではなく、各通所者の家庭で、あるいは周りの仲間達との付き合

い の中でも、喫茶店に行く、レストランに行く、カラオケに行くなどを含めて、彼ら彼女らが今まで経験しなかったことを経験する機会を作るよう呼びかけ、西淡路希望の家の中では「労働分野」の活動と共に、「生活分野」の取り組みとして、調理活動や買物活動にも積極的に取り組んできた。

最初の二年間ほどは、これらの買物活動にしても調理活動にしても、買物の仕方を教えたり、調理の仕方を教えることと考え、お金の計算を教えたり、釣銭を貰うことを教えたり、あるいは米のとぎ方や包丁の握り方、野菜や肉の切り方、味付けの仕方などを教えてきた。このような機会を作ることで、家の仕事を少しでも手伝うことが出来れば、そしてそのことを足掛りに彼ら彼女らの世界が少しでも広がれば、と願っていた。もちろん、彼ら彼女らが自立するときにぜひ必要なことだとの思いもあった。

この取り組みを、我々なりに色々な改善を加えながら取り組んだのだが、取り組めば取り組むほど、彼ら彼女らの自立が遠のいて行くような空虚感にさいなまれることになった。

障害が重い人たちの親からは、うちの子はこんなんもできんのやから自立は無理や、と決めつけられるし、この人やったらある程度買物や調理もできるやろうと思える人も、西淡路希望の家の活動としてならそれなりにこなしても、家に帰ってそれをやっている気配は全く無い。

どうも、彼ら彼女らにとって、調理の仕方や買物の仕方を習得する以前の問題があることに気付くほか無かった。

彼ら彼女らの知的障害の故に、抽象的思考が苦手だったり、買物や調理のそれも含めて技術の習得に時間がかかることは当然に予測できる。だが、それ以前の問題として、自分が生きることに対する自分自身の姿勢（要するに主体性ということなのだが）が、全くといって良いほど育てられておらず、そこでの問題の一つとして、何が食べたいか、何を買いたいかがほとんど分かっていないというか考えようともしていないことに気付いたのである。

彼ら彼女らはいつも「欲しいであろう物」を与えられ、お仕着せの世界に生き続けてきた人々であった。調理活動を行うとき、これまでも一応は通所者の意見を聞いてメニューを決めていたが、彼らは自分が食べたいものというより自分の知っているメニューを並べたに過ぎなかった。買物活動についてもそうである。指導員としてはわずか八千円程度とはいえ、彼らが自分で働いて得た自分のお金である。だから、無駄使いになっても良いから、彼ら彼女らが自分の買いたいものを自分で買うことが出来るようにと、取り組みを進めてきた。ところがこの場合も彼ら彼女らの買いたいものがもう一つはっきりしない。自動車やＣＤプレーヤーが出て来るかと思うと、スナック菓子のような物しか出てこなかったり…。

一九八六年度の中頃までは、まだ単純に彼ら彼女らの経験の薄さとして、それを考えていたように思う。だから、指導員の側もより多様な経験の機会をということに意識を集中していた。

しかしその後、むしろ彼ら彼女らが今持っている経験の中から、自分がしたいこと、買いたいもの、食べたいものに気付くことが必要なのだと考えるようになった。それが一九八六年の後半から一九八七年にかけてのことであった。

当時は全く考えがおよんでいなかったのだが、後の「主体性シリーズ」につながる「前期主体性シリーズ」が始まったと言って良いのかも知れない。

ハ．前期主体性シリーズ

彼ら彼女らの自立に関わっても、調理・買物が出来ることが必須の条件ではない。グループホームでの自立を考えても、「今日○○が食べたい」と世話人に訴えることが出来ることがよっぽど大切である。というより、それがなければ、グループホームでの生活も自立とは呼べないだろう。

そこで、通所者同士の話合いの中で、食べたいもの・買いたいものに気が付くことに重点をおいて取り組みを進めるようになった。健常者（指導員）がこの討議に参加すると、むしろ彼ら彼女らが自分の思いに気付く前に彼ら彼女らは健常者の意見に迎合してしまう姿がみられたので、指導員はアドバイス的に意見を述べることもやめ、通所者同士の討議にむしろ「チャチャを入れる」という仕方で参加していった。

実際問題として考えても、例えば「食べたいもの」についても、自分が食べたいものに気付くことはかなり困難なことである。我々自身、メニューを見て初めて何が食べたいのかに気付くことも少なくないし、筆者などはメニューを見ても何が食べたいかわからず、メニューを何度か見返すことが少なくない。まして、抽象的な思考が苦手な彼ら彼女らである。仮にメニューがあったとしても、そのような抽象的な表示で食べたいものをイメージすることは至難のことに違いない。それならばと、仲間同士ワイワイと騒ぎあれやこれやといっている間に、それぞれが自分の食べたいものに気付くことが出来るかもしれない。多分、言葉を持たない人たちも、その場の雰囲気の中で食べたいものに気付くことが出来るだろう。いや、仮に自分の食べたいものに最後まで気が付かないまま「みんなで決めたこと」に従ったとしても、彼はみんなで決めたことを自分の決めたこととし、食べてみてそれが自分の食べたいものであったか否かをも含めて、これを経験として彼の中に蓄積できるのだと思うのである。

我々は前期主体性シリーズにおいて、技術としての調理や買物の「仕方」を伝える前に、さらには「食べたいもの」「買いたいもの」の「自己決定」を求める前に、いま彼らが持っているものの中から自分が食べたいもの、買いたいものに気が付く取り組みが必要だとしてきた。

そして、そのための手段として、通所者の仲間同士での話合いの場の雰囲気みたいなものを利用しようと考えた。仲間同士での話合いの中であれやこれや言っている内に、それぞれが自分の食べたいものに気が付くであろうし、その中で、それでは今日の料理は何にするかも、互いに調整され決定されるであろうと考えた。とにかく、調理活動や買物活動にしても、その前の話合いに重点をおくことにし、通所者らが自分らで何を選ぼうと、楽しみながらワイワイと話合いを進める雰囲気を大切なものと考えるようになったのである。

二．他者に開かれた主体性

「前期主体性シリーズ」では、「自己決定」に向けて彼らの中の「食べたいもの・買いたいもの・したいこと」を掘り起こす取り組みが必要だと気付き、仲間関係による話合いの中でそれに気付けるように取り組みを行った。指導員が個別的に通所者を指導してみても、通所者が指導員に最大限の努力をもって迎合する場合がほとんどで、通所者自身のしたいことなどは、到底見つけられないように感じられたからであった。

このような「前期主体性シリーズ」の取り組みを経て、先に述べた「主体性シリーズ」の取り組みに入っていくのである。通所者集団が通所者集団として共同して西淡路希望の家（での仕事）を担っていく、という質での取り組みへと発展していったのである。

我々自身の持つ主体性観を下敷にし、さらに、「共同の主体性」の言葉を媒介させることで、彼ら彼女らを我々の言葉としての「主体性」に近付けようとしていたのである。

ただ、我々健常者の「主体性」と異なるものとして、彼ら知的障害者の「主体性」があるのではないかと、筆者を含む西淡路希望の家の職員らは無意識の内にでも感じていたように思う。

実のところ、後になって言葉化・意識化ができたことだが、彼ら彼女らのような知的障害を負う人々の主体性は、確かにあるにはあるのだが、健常者のような近代個人主義的な意味での「主体性」とはほど遠いものであるように思えた。

彼ら彼女らの主体性は「揉らかく丸みがあり・感受性に富み・ぶよぶよとし、他者との間に明確な境界がない」ものと感じられるのに対し、近代個人主義的な価値世界に住む健常者のそれは「硬く鋭角的で・論理性へのこだわりが大きく・ごつごつとし、他者との間に明確な境界を引こうとする」ものに感じられる。

彼ら彼女らのような知的障害者は、このような主体性感覚を持っているため、自分と同様の主体性感覚を持つ者とは容易に一体化し自分自身を発揮できることになる。しかし、健常者的主体性感覚に対しては、そのゴツゴツした肌触りを嫌って身を引くか、あるいは自分の持つ感受性をフル動員して健常者の側に一体化するかのように依拠するか、そのどちらかになることが余りにも多いように思われるのである。

といって、彼ら彼女らの主体性を未熟なものと決めつけ、健常者的主体性への成長を目指すべきとは考えなかった。ただ、彼ら彼女らの「主体性」をそれなりに尊重した上で、健常者的主体性との間で「摺り合わせ」が必要になるだろうとは考えていたし、また、彼ら彼女らの主体性と健常者のそれとは、少なくとも一人対一人の関係で併存することそのものが非常に困難なようにも感じていた。

ホ．「主体性」を問い直す

このように、健常者の主体性と別のものとして、知的障害者の主体性を捉えようと考えてきた背景には、以前からの「健常者の主体性はそのまま尊重されるべきものなのか。」との問題意識があった。「万国の労働者よ団結せよ」は、「共産党宣言」の有名な結びの呼掛けだが、筆者は、この言葉に「労働者は本来団結するものである。よって労働者よますます団結せよ」との語感があると感じてきた。ところが、現実の「労働者」はむしろ「団結」とは反対の方向に進んでいる。この現実が何故生じるのか。

とは言っても、このようなことをいつも考えているわけではない。むしろ、日々の出来事に忙殺され、日々つき合う彼ら彼女らの「主体性の無さ」を考えていた。前にも述べたように、彼ら彼女らの知的障害の故による「出来なさ」を越えて、「主体性が無い」と思ってしまう場面が目につき、彼ら彼女らは自分自身の主体性を育てる機会から、要するに普通に生きることから、疎外されてきたのが問題と考えてきた。

一九八七年度の終わりの頃からの「主体牲シリーズ」を支えた思いは、このようなところにあった。

ただ、このような思いと共に、このような思いが無意識の前提としている「健常者の主体性」について、「健常者の主体性は、そのまま尊重されるべきなのか。」との筆者自身の内なる疑問は少しづつ大きくなって行った。

このころ、路交館の設立当初から理事を引き受けてもらっていた小柳伸顕氏から良知力の本を読むように勧められた。

良知力は、既に故人となっている。元来は一八〇〇年代前半期の社会思想史を専門としているが、単に著作物の文献研究をするのではなく、むしろ「社会史」的な方法で当時の民衆の具体像を明らかにし、またその中で社会思想の変遷を研究した人である。

良知氏に学んだことの第一の点は、彼が当時のビラその他の膨大な資料を駆使しながらも、現代人の思い込みを排除し乗り越えたところで、当時の民衆の「生きざま」を具体的に明らかにしようとしたことであり、しかも、「自己の生」とかけ離れたところで「客観的」にそれをしようとするのではなく、「自己の生」との間での緊張を保ちながらそれをしようとしてきたことであった。

改めて、西淡路希望の家の通所者の「主体性」を、そのありのままの姿で受け止め直すことの大切さを学ばされたのである。

ヘ．プロレタリアート

良知氏に学んだことのもう一つの点は、「プロレタリアート」という言葉の意味が当時と現在とでかなり違っていることであった。というより、マルクスが理論的には明確に区別する、将来の革命の主体者としての「労働し思考するプロレタリアート」と、いわゆる「ルンペンプロレタリアート」とは、社会階層としてもその生きざまにしてもあまり違いが無い事実であった。

当時プロレタリアートと呼ばれた人々は、都市の居住区のさらに外側（リーニエ）に、掘っ建て小屋やあばら屋を建てて食うや食わずの生活をし、多くは「よそ」から流入してきた人々で、都市部に住む労働者からさえも差別されていた。まさに、レ・ミゼラブル（悲惨な人々）であり、鉄鎖以外失うものがない人々であった。そしてそれ故に、彼らは孤立しては生きられないことを知っており、群れ合うようにして生きていた。

彼らは、地域的な古い共同性に束縛されていない人々であって、しかも、改めて団結を言わなくても、共に棲む人々であり、共に行動する人々であった。

このような彼らのうち、公営の作業場や大工場の職にありつけた人々の群れが一八四八年革命の一翼を担うことになり、たまたま治安警察軍や皇帝軍に食いぶちを求めた人々がマルクスにルンペンプロレタリアートと規定されることになった。

このように「プロレタリアート」は、当時の語感では極めて不定型の存在であり、都市部に住む「市民」にとって何をするか分からない、「ならずもの」としか思えない存在であった。実際、良知氏によると、一八四八年、ウィーンの革命で、革命の一方のにない手であった市民の銃口は主にプロレタリアートに向けられた、革命鎮圧のためにウィーンに上ってきた皇帝軍に最後まで銃をもって抵抗したのは彼らプロレタリアートであったにもかかわらず…。

なぜ、マルクスは、「プロレタリアート」に人類の未来を託そうと思ったのだろうか。マルクスの「理論」は理解できても、このような「プロレタリアート」を目の前にして、「これだ！」と思った思いなり心情はなかなか受け止められない。

マルクスが、プロレタリアートに共感し彼らの理論家として、「労働し思考するプロレタリアート」の「言葉」を作った契機は、彼らが鉄鎖以外の何物をも持っていないからではなく、彼らが共に棲み共に行動する人々であった、からではなかろうか。

「市民」は結局「自分のこと」しか考えず、革命のために「市民軍」を組織しボランティアとして参加しても、それは自分と自分の財産（さらにはごく狭い地域での共同体）を守るためで、本質的にバラバラの存在であり、最後には味方のはずのプロレタリアートに銃口を向けるだろうことに、彼はへきえきとしていたのではなかろうか。

良知氏を読みながら、「プロレタリアート」と、「西淡路希望の家の通所者」とがオーバーラップして仕方がなかった。直接的あるいは論理的にこれらが似ていると言うつもりはない。筆者自身の心情的世界の中で、これらがオーバーラップするのである。強いてこれらの近似を求めるとすると、いずれもが市民から差別された存在であり、共に生き共に行動する感性を鋭く持つ人々であったことであろうか。

このようなことを良知氏から学ぶ中で、健常者の「主体性」観は、上で述べた「市民」の主体性につながるものであり、あまりほめられた話ではないと思えてきた。少なくとも、後生大事に守り育て、通所者の

「主体性」をその枠に押し込むことが望ましいとは到底思えなくなったのである。

ト．スウェーデンの印象から

筆者が、近代市民主義的な主体性観を基調とした未来社会に、もう一つ乗り切れないと感じた経験が別にもあった。

一九八八年春、駆け足でスウェーデン・ストックホルムの街を見聞する機会があった。この時、世界の福祉制度の一つの目標とされるスウェーデンの社会が、筆者にとって目標とは見えなかったのである。

確かに、スウェーデンの福祉諸制度は非常に充実していた。日本などはもっともっとこれを見習う必要がある。

が、このスウェーデン社会は、余りにも個人主義的な主体性観のもとに作られ過ぎている。福祉の分野では、先ずはこのような「主体性観」に馴染みにくい重度の知的障害者はノーマライゼーションから排除されてしまうか、あるいは、何とか彼らの主体性・自己決定を明らかなものにしようと、あらゆる技術的努力が払われ、その意味で、全くの施設福祉の対象とされている問題が感じられた。

また、何から何までも福祉制度・専門職員の手に委ねるようシステムが作られているため、素人としての普通の地域の人々が、高齢者や障害者などの福祉対象者との関係性の中に介入する余地が狭く、それは通常の「付き合い」の範囲に限られているように見えた。少なくとも、このような付き合いの範囲内に関係性が限定されては、重度の知的障害者が普通の人として生きる世界はあり得ないように思える。

確かに主体的な自己決定はあくまでも尊重される必要があるが、とは言うものの、何から何まで自己決定で全ての問題に対処するとしたら、健常者も含めてやっぱり「寂しさ」が残るのではなかろうか。人と人との関わりの中には、お互いにもっと迷惑をかけあうというか、お互いに引き回し合うような関係があっても良いように思える。

このためかどうかスウェーデン社会の底の方で、人が生きることの最後のところを「(福祉)制度」に委ねてしまった「寂しさ」を感じてしまった。逆に言うと、徹底して個人主義的な主体性を一人一人が要求されているため、そのような主体性に馴染みにくい人々は、社会の枠組から離れてしか生きられず、ますます「寂しい」存在になっているように感じられたのである。

彼らには生活の心配は余り感じられない。もちろん、それなりの心配ごとはあるだろうし、日々苦しい生活をしている人々もいるだろうが、そのような心配事とは異なる位相で「寂しさ」を感じたのである。

この「寂しさ」は、一九八九年の西淡路希望の家で「冷たい風が吹いている」と感じた、その感覚とつながるのではなかろうか。

改めて、彼ら知的障害者の主体性をそのまま尊重し育てる必要があるように思えた。これからの人類史では彼ら彼女らの主体性から、我々健常者(市民)の側が学ぶべきものがあると思う。

7.「能力」の再評価に向けて

イ．能力観を問い直す

筆者は、障害児教育は、「能力」を育てる必要が無い、と思っているわけではない。というよりも、特に「共生」の立場に立つ人々の間で、「能力を育てること」を否定する傾向があることは気にかかる。ただ、筆者としては、「能力」観そのものを問い直す必要があるように思っている。

一般的には、他者から独立した個人のものとして「能力」が考えられているが、もっと集団的な能力というか、共にあることを前提とし共にあることによって発揮できる「能力」（＝共生的能力）を考え、個人主義的能力観から、このような共生的能力観へと、「能力」観そのものを変えていくべきであると思うのである。だから、どうしても個別的な内容となる「できること・わかること」と、共生的な「力」とは基本的に違う位相にあると考える。

筆者は、先に述べた「できること・わかることはそんなに大切か」において、集団的な支えによって発揮する力というか、周りの人との関係の中で発揮する力が必要なことを述べた。ただ、この場合に、「能力」観の問い直しのテーマが筆者自身もう一つ明確になっていなかったため、結局は「個人の力」にこだわった議論になってしまい、もう一つ議論の趣旨が不明確になってしまっていた。

ともあれ、他者から独立した個人のものとして能力を捉える個人主義的な能力観では、西淡路希望の家での日々の取り組みは一歩も進み得なかった。

今、改めて「能力観」を問い直す必要を感じているのである。

ロ．能力主義もありと違うか

現在の教育の現状を見ていると、「どうも障害児の教育の価値観と健常児の教育の価値観を場面毎で切り替えている」と見えることが多い。

最近の筆者の語り口で言うと、「能力主義の価値観で教育するのもありよ、能力主義批判やときれいごとを言いながら、健常な子どもたちには能力主義で、障害児には能力主義批判で、というように一つの教室内で価値観を切り替えるような教育をせんといて。それぐらいやったら、『べっくそ』で良いから同じ価値観の世界に障害児も置いといて」となる。「障害児と健常児とを別々の価値観で教育しといて、何が共生教育や。そんな美しい話はもういらんわ。」と思っているのである。

教師が、障害児に対しては「できること・わかること」をどうでも良いとし、反面、健常児には能力教育をしているとしたら、「いいかげんにしてくれ」と腹が立って来る。

そんなご都合主義的な価値観の切り替えは、なんとしても御免被りたい。その意味では、「教師たるものは『できること・わかること』にもっと丁寧であって欲しい。」と思う。

ただ、障害児と共に生きようとする立場から、「『できること・わかること』はどうでも良いこと」として教育現場に問題提起するのは、このようなご都合主義的な価値観の切り替えを根底的に問題提起しようとするからであり、また、現状の能力主義的価値観を根本的に問い直すような能力観を創造しようとしているからである。今、具体的には「障害児の」教育について語っているとしても、それは教育全体に普遍化されるべきものとして語っているつもりでいるのである。

ハ．能力観の問い直し

本当に各個人において、それぞれ「できること・わかること」が必要なのだろうか。

筆者には、どうしてもそのようには思えない。むしろ、人は「できないこと・わからないこと」だらけの中で生きており、実際は他人の「できること・わかること」を自分の中に取り込むことによって生きているのではなかろうか。ただ、今の社会では、他人の「できること・わかること」を自分の中に取り込もうとするとき、例えば自分が作れないパンをパン屋さんから買うというように貨幣による対価を支払う必要があるため、そこでの人と人との絆が見えないものとされ、自分の「できること・わかること（例えば自分で稼いだお金）」でパンを入手したかのように、思い込んでいるだけなのではなかろうか。

貨幣は人と人との絆の代替物でしかない。この代替物は、遠くの人同士をつなぎ合わせる役割を果たす効用があるが、隣り合って生きる人同士の絆を切断してしまうこともあるので、始末が悪い。

自分の「できないこと・わからないこと」は他の人に「してもらい・教えてもらえ」ば良い。必要なことは、他の人の「できること・わかること」を自分のものとして受け取ることが出来る開かれた感受性であり、自分の「できること・わかること」を他の人のために提供できる価値感覚ではなかろうか。

先に述べた西淡路希望の家の「主体性シリーズ」は、このような感受性なり価値感覚を前提として成立したものであった。

実際、あのとき、時計を読めるA君がその力を出し惜しみしたり、自分のためにだけ使おうとしたら、あるいは、他のみんなが自分勝手に仕事をして、A君が時計を見て言った「そろそろかたづけ始めようか」の言葉を無視したとしたら、「主体性シリーズ」はそもそもあり得なかった。

また、自分の「出来ること」としての仲間の介助を「お仕事」にしてしまったとき、「冷たい風が吹く」ことになってしまった。

この「主体性シリーズ」を背後から支えていたのが、「互いに『気』を向ける感性」であったことは既に述べた。この「互いに『気』を向ける感性」が前記の感受性なり価値感覚なりとどの様な関係を持つのか、まだよく分からない。が、少なくとも、後者を育てていく前提として前者があることは言えるように思う。

二．あい手織りの取り組み

「能力の問い直し」では、「個人の能力」と共に「集団としての総合的な能力」の向上も問題とされる必要があると考えてきた。そこで西淡路希望の家の取り組みから一、二の例を挙げることにする。

先ず第一は、既に述べたが「主体性シリーズ」によって、一挙に軽作業の生産量が伸びたことがある。主体性シリーズの最中にふと気が付くと、前年度に比べて倍以上、場合によっては数倍にも大幅に軽作業の生産量が伸びていた。一九八八年秋のことである。

主体性シリーズで通所者は、彼ら彼女らにとって「やらされて」いた仕事を自分らの主体的意志で積極的に行うようになった。だから、彼ら彼女らが個々の力を十分発揮できるようになり、生産量が伸びることになった。このように言葉にすれば当然ともいえることであった。しかし、実感的には、指導員がラインに加わっての仕事をしなくなることで生産量が伸びるというのは、指導員のアイデンティティーさえも揺るがしかねず、驚く他ないできごとであった。この当時、彼ら彼女らは既に、自分で自分らの仕事を回すという自負を持ち、彼ら彼女らはそれぞれの力を十全に発揮するための方向性をつかみつつあったのだろう。

次に、「あい手織り」の取り組みから報告する。

手織り部は西淡路希望の家の設立当初から活動しているが、初期には糸代などの材料費ばかりかかり、「趣味活動なんだ」から「教材費みたいなものやろう」と、変に納得して施設会計から糸代を捻出し、活動を継続しているのが実態だった。こんな状態が二年半程続いたが、一九八七年秋に五百個のペンケースの注文をうけてから、手織り部の活動の「ノリ」が大きく変わることになった。

五百個のペンケースの注文を受けることで、手織り部の通所者らがそれまで持っていた「織るために織る」雰囲気が、人に使ってもらうために「織る」という雰囲気へと変わり、「(使ってもらうという形で)他者に評価される」ことを支えに「織る」ことによって、個々の通所者の「やる気」が発揮され、指導員の予測を大幅に上回った布の生産が得られたのである。

このようなことがあってから、年が明けた一月に大阪梅田のフリースペース悠維魔（ゆいま）で西淡路希望の家にとって初めての「手織り展」を開催することになった。ペンケースの注文で自信を付けた手織り部の通所者たちは、その自信をバネに準備を進めるが、その準備の模様は筆者には見えていない。例によってこんなことに対する感性が鈍い筆者は、これにもかなりマイナーな思いを持っており、担当指導員に引きずられるようにして、この取り組みにつき合っていたからである。

手織り展で自分達の織った物が人々に評価され売れることを、彼ら自身でさらなる自信へとつなげて行ったことは、筆者にとって驚きであった。本当に自分の織った物が売れた通所者の喜びは分からなくもないとして、自分は全く織れない人や、「使い物にならない」物しか織れない人も、手織り展の賑わいや売上を自分のものとし、手織部としての喜びの中でそれを自分の自信へとつなげていった。このようにして「手織り展」の成功による個々の通所者らの盛り上がりを背景として、その後の手織り部の活動は進められていったのである。

何回かのAiはうすでの手織り展の開催や、各種の展示即売会などへの製品の出品等の機会を通し、これを手織り部通所者集団全体の共有された経験とすることで、その全体的な盛り上がりを図っていった。そして、そのことによって個々の通所者がより楽しく手織りに取り組むようになり、各自の織りの力量も向上させてきたように思えるのである。

一九八九年秋、難波高島屋での部落解放皮革製品フェアーの一部で「あい手織りフェアー」を開催できた。多分、このデパートでの「あい手織りフェアー」の開催は、悠維魔での「手織り展」に始まる何回かの作品展の盛り上がりを手がかりとした、手織り部集団としての盛り上がりによってのみ実現できたのだと思える。このような盛り上がりによって、通所者らが自分らの織りに自信を持ち、そのことによってますます自分らの織りの技術を高めていった。

仮に、悠維魔の以前の西淡路希望の家手織り部をそのまま発展させただけであれば、デパートでの「あい手織りフェアー」の開催は、恐ろしくて全く考えられないことであっただろう。というのも、デパートに出店するということは、手織り製品を手織り製品としてみるお客さんが来るということであり、「作品展」の時のように「障害者の作品」という目で見てくれるお客さんだけでなく、普通に手織り製品を買いに来るお客さんが来るということである。そこは全くの自由競争の場であるため、個々の通所者の織りが個別にシビアに評価されることで、通所者らの自信のようなものが、こわされることをおそれたのである。しかし、そうはならなかったのである。その意味で、悠維魔以前と以後とでは大きな断絶があり、その断絶の中身こそ、手織り部集団が集団としての「ノリ」の中で自分らの力を延ばしてきたことであったように思われる。

ホ．能力主義批判の幻想化とは

西淡路希望の家の指導員の中で、生産が上がることを積極的に評価することに、何か負目を感じる雰囲気がある。筆者自身、この評価に積極的になることに躊躇を感じることを否定できない。どうも、このような雰囲気があったため、主体性シリーズの中で軽作業の生産量が飛躍的に伸びたことでも、これをきっちりと記録し評価する作業が抜け落ちてしまったように思える。

先に述べたような大ざっぱなところは別にすると、その前年度と比べてどの様な具体的違いによって生産量が伸びたのか、不明のままである。さらに次の年の「冷たい風…」の中での生産量との関係となると、次の年、通所者の人数が大幅に増え西淡路希望の家の構成そのものが変わっているため、単純に比較できないこともあって、全く分からないままである。生産力の向上の課題に後向きであったことを反省せざるを得ない。

確かに、生産が上がったことや生産を上げることを不用意に評価すると、能力主義や生産第一主義に我々自身が取り込まれてしまうおそれを感じる。だが、そのような「おそれ」があるからといって、生産を上げることというか、集団全体として力を発揮することに、もっと積極的になる必要があったように思う。

ここでは、西淡路希望の家の通所者集団全体としての生産力の向上の問題として述べたが、一般的にも、能力主義批判の立場に立つ人々の中に、能力主義を批判する余り能力そのものをも否定的に捉え、能力主義批判を「能力主義」というある種の幻想に対する批判にしてしまう傾向がある様に感じる。能力主義的な出来事・在り様を一つ一つ具体的に批判していくのでなく、能力主義批判という言葉ないし観念の方が先行し、本来「人」が生きる生の姿を取り戻そうとした「能力主義批判」が、いつの間にか「人」の具体的な在り様を見えないものにする役割を持つようになっていたように思えるのである。

第3章　再刊への追記…聖愛園の「障害児」共同保育

1. はじめに

この「再刊への追記」は、西淡路希望の家創設の時点で、障害児者の保育や支援に関わって、筆者や路交館がどのような考えや思いを持っていたかを述べることを目的としている。従って内容的には第1章の前に置くべきと思うが、既に三〇年以上の前に書いた第1章の「西淡路希望の家で学んだこと」及び第2章の『共生』保育・教育の課題を求めて」の追記であることから、第3章としてこの位置に置くことにした。

この「再刊への追記」では、社会福祉法人路交館がなぜ西淡路希望の家の創設時の設置主体となったのか、その趣旨を説明することになる。実際のことの成り行きは、筆者が聖愛園の園長から西淡路希望の家創設時の施設長へと転出した結果なのだが、その背景的な事情はその一〇年以上前に聖愛園が障害児保育に取り組んだことに端を発する。

聖愛園ではその障害児保育の取り組みを、「障害児」共同保育と呼び習わしてきたが、何故そうなったかを含めて、筆者を含む聖愛園の関係者が、「障害児」共同保育に取り組んできた経過をまずは述べる。

それにより障害児者問題を聖愛園関係者がどう考えてきたかを述べることで、なぜ、社会福祉法人路交館が西淡路希望の家創設時の設置主体となったのか、その経過を説明することになると考えている。

2．聖愛園の「障害児」共同保育

イ．障害児の親が聖愛園の門を叩いたことから

社会福祉法人路交館は、一九七二年に日本基督教団大阪淡路教会立の幼稚園聖愛園が、多動自閉の重度の障害児を受け入れたことをきっかけに、一九七五年に創設された。

聖愛園そのものは一九五八年の創設で、地域ではキリスト幼稚園と呼ばれ幼児教育に熱心な幼稚園として親しまれていたが、すべては一九七二年の夏休み前に、多動自閉の障害児の親である二人のお母さんが聖愛園の門を叩き、「うちらの子を入れ欲しい」と当時の浜田園長に訴えたことに始まる。これらのお母さんらの訴えに、大阪淡路教会牧師でもあった浜田園長は職員らと相談し返事をすることにした。浜田園長には「しげお君（仮名）らを受け入れたい」想いが最初からあったようだが、まずは日々の保育を担う保育者が受け入れるかがカギになるからであった。

夏休みに入る直前の頃、二人の障害児の受け入れを提案された職員らは、それまで幼稚園で障害児を保育するなど思ってもいなかったため、反対を言い出す前に絶句したと後に語っているが、まさに青天の霹靂に近いものがあったようだ。

しかし、障害児の受け入れに否定的な声が続出する中にあって、本来はそんな性格でない浜田園長がしつこく粘り、夏休み中に何度も職員会議を開く。結局、夏休みも終わろうという頃に職員らも根負けしたのか、この子らも「一人の子ども」と見ていこうとの機運が生じた。「私らは障害や障害児のことを何んも知らんけど、障害児も一人の子ども、見捨てるわけにいかない」と、親子通園を前提に受け入れが決まったのである。

なお、「保育者」の用語について有資格者の場合、幼稚園では「教諭」、保育所では最初は「保母」、後に「保育士」。そして幼保連携型認定こども園になってからは「保育教諭」と、正式な呼称が変遷するが、本稿では「保育者」に統一して表記する。

ロ．ただただ無我夢中で取り組まれた第1期「障害児」共同保育

障害児を「一人の子ども」と見るという「まなざし」の共有だけで、何の知識やスキルもないまま、一九七二年九月に聖愛園の障害児保育（第1期「障害児」共同保育）は始まった。

重度の多動自閉の障害児二人を事前の学習もないまま受け入れたので、どう対応したら良いかわからない。最初のころは、しげお君らの突飛な行動に驚き、当初は母子通園だったこともあって、一から十までお母さんにどうすれば良いか聞いていたという。それでも、しげお君らに振り回されるばかりで、保育らしい保育ができないまま、保育者らは日々の保育で疲労困憊し、子どもらが帰った昼前後には、保育者が先ずお昼寝したい気分だったという。

なお、時がたつにつれて、しげお君らの保育について何ごともお母さんを頼りにする、そんな自分らの姿に疑問を持ち、自分らでこの子らに向かい合うしかないと、三か月を過ぎたころ、母子通園は廃止された。

一方、聖愛園の設置者である日本基督教団大阪淡路教会では右の出来事の数年前に、ある教会員のご夫婦が教会総会席上で「部落民宣言」をしたことをきっかけに、教会青年らを中心に部落差別問題の学習会が行われていた。これを機会に学習会などで育った反差別の思いから、設置主体である大阪淡路教会としても聖愛園での障害児の受け入れに賛同するが、この時の賛同は、「障害児の入園を認めないことは差別でしかない」との観念的な思い込みだけでのそれであって、障害児者が生きるうえでの困難さとか、障害児保育を実施する上での困難さについて何も考えないままだった。

ともかく、先に述べたように当初から障害児保育の実施に意欲的だったと思われる浜田園長（兼教会牧師）は、大阪淡路教会側の賛同を得て聖愛園での障害児保育の実施に向けて動き出す。先ず浜田園長は、障害児保育を反差別の取り組みとして取り組む必要を感じたのか、部落解放同盟日の出支部などの関係先に積極的に働きかけ、日之出保育守る会の仲介で聖愛園職員と大阪市立日之出保育所との障害児保育の研修や保育交流の機会を作り、障害児保育について聖愛園職員が学ぶ機会が得られるようにした。上に述べた大阪淡路教会の青年グループらによる部落差別問題の学習活動を契機に部落解放同盟日之出支部との連携が出来ていたため、実現したことであった。

このようにして連携関係を広げていった浜田園長の働きもあって、聖愛園職員も障害児保育の知識・スキルを次第に獲得しその実施にある程度は自信を持つようになるとともに、部落差別や障害児者差別の問題も積極的に考えるようになり、反差別の視点から障害児保育を考えるようになった。

ハ．保育所化された聖愛園の障害児保育（第2期「障害児」共同保育）

一九七五年四月に聖愛園は保育所として再出発するが、大阪市内に一〇か所程度しかない指定園の一園として障害児保育を始めることになるため、障害児の入所申し込みが殺到することが予想された。

そこで保育所開設準備の一環として、

「障害児の入所枠は定員の一〇％以内とする。但し、障害の軽い順に受け入れると障害児差別を温存助長することになるから、障害の重い子から受け入れ、園としての力量の限界になったら一〇％未満でも受け入れを止める。」

との原則が作られた。

我々が作りたいのは障害児保育所でなく、障害を持つ子も持たない子も共に遊び共に生活する場なのだとの考えからだったが、これは障害児の受け入れの基準としてだけでなく、この後の聖愛園の保育の考え方を規定することになった。

さらに、聖愛園の保育所化を園職員と教会青年らが共同して取り組んだ経過から、保育所は設置者（理事会など）だけでなく、職員・保護者・行政・地域住民らがともに支え運営されるべきとする「共同保育」の考え方が基本に据えられ、障害児保育も「障害児」共同保育として意識されるようになる。この「共同」の考え方を園運営に反映する日常的な園運営機関として、教会青年の代表格である数名の主要メンバーがボランティアとして手弁当で理事会事務局を組織し、定款細則上は理事会事務局の長が理事会事務局会議の議を経て理事長の専決事項を行うと規定した上で、園長はこの理事会事務局会議に陪席することで、日常の園運営の体制を構築したのである。

二．重い障害を持つ子も共にいてこそ（第3期「障害児」共同保育）

一九七五年度も終わりに近づいた頃、次年度に障害児保育要綱を大幅に改訂し、障害の重い障害児は通園施設に振り分け、保育所では中軽度（主には軽度）児だけを保育する制度案が大阪市から示された。当時の国の障害児保育制度が保育所に入所可能な障害児を「集団生活が可能な中軽度児」としていたので、これに合わせようとしたのだろうが、当時、既に既存の保育所でも重度児を受け入れている園が市内及び府下に何か所かあり、また、親たちによる障害を持つわが子の保育所入所要求の運動が広範に行われていた。その上、保育所聖愛園の創設そのものが、どんなに重度の障害児も切り捨てないとの思いで取り組んできた経過がある。このため、聖愛園の関係者らはこぞって、この要綱改定そのものを、我々の最も基本の思いである「誰をも切り捨てない保育」ができなくなる危機として捉えることになった。

この要綱（案）に反対する運動に聖愛園では次年度にかけて園を挙げて取り組むが、併せて、全市的な新要綱反対運動として、市内の障害児保育に取り組む望之門保育園などの民間保育所や公立保育所の有志、生野子どもの家やキンダーハイムなどの障害児通園施設等などと共闘し、さらに東淀川区の地元では、多くの共闘団体とも連携し、反対闘争に取り組んだ。

この新要綱撤回闘争は、多くの共闘団体を得て聖愛園内でも大いに盛り上がり、園内各所に新要綱反対やその撤回要求のスローガンを手書きした垂れ幕や横断幕が掲示されただけでなく、保育者は全員が同様のスローガンを手書きしたエプロン姿で保育し、そのままの姿で子どもらと商店街に買い物に行ったり園児らと散歩に出かけたりしていた。また、「共同保育ニュース」紙を多いときには隔日のペースで発行し、新要綱の問題点やその撤回要求の思いを保護者も含む園全体での共有を図ってもいた。

中之島（市役所）での対市交渉では、在園障害児の親が我が子を連れて参加するだけでなく、何人かの健常児の親も仕事を休んで参加し、保育者はほぼ半数が中之島へと出かける。また、理事会事務局メンバーや理事・評議員の何人かも、腹痛や頭痛などの口実で仕事を休み交渉に結集するという具合である。まさに、全園・全法人を挙げて取り組んだのである。

このような運動により、一九七六年も年が変わるころになって大阪市当局との最終調整が何とかまとまり、重度児をも切り捨てない障害児保育の次年度一九七七年度以降の継続が実現したが、聖愛園ではそれにとどまらず、高揚した運動の雰囲気に押されて、はずみで言ってしまったかのように、「『障害児』共同保育こそ保育である」のスローガンが提起された。

障害児を排除した保育は、子どもたちに「障害児がいない世界が普通である」と教えてしまうから、子どもたちにそのように思い込ませる点で、嘘の世界を教える間違った保育なのだ！　常に障害児が一緒にいて共に育ちあう保育こそ本当の保育なのだと主張するが、そのような趣旨からはただ単に「共同保育」で良いが、まだまだ障害児が排除され続けている現実に抗する趣旨を明確にするため、障害児を「　」でくるんで、「『障害児』共同保育こそ保育である」としたのである。

このスローガンの提起は一九七六年のことだが、これよりやや後だが同じ年度になる一九七七年二月に大阪市保育研究大会が開催され、障害児のための保育を健常児のための保育と並行に実施する手法が「二本柱保育法」と題して発表された。これに対し聖愛園では、共に運動に取り組んだ望之門保育園などとともに、「二本柱保育法は保育所の中に養護学級を作るに等しい」と鋭く問題提起をすることになった。新要綱撤回運動の熱気もあって、障害児を保育所に受け入れさえすればよいのではなく、最低限として障害児が周りの健常児たちと共に同じ場所と時間を共有する必要があると考え、健常児と共に育ちあう保育を模索するようになっていたのである。

さて、新要綱撤回運動の盛り上がりの中でまるではずみで言ってしまった「『障害児』共同保育こそ保育である」のスローガンだが、このスローガンは運動の高揚期が過ぎてその熱気が冷めるとともに、そのまま「自分たちの保育は本当に『障害児がいることが当たり前』と言える保育になっているのか」と、自分らの保育を問い直す言葉ともなっていった。

自分らが批判した「二本柱保育法」と、聖愛園の保育が本質的に何らの違いもないと、気付いたのである。

ホ．障害児がいることが当たり前な保育を目指して

運動の高揚の中で、「『障害児』共同保育こそ保育である」と言い切ってしまったために、自分たちの保育は「障害児がいることが当たり前な保育になっているのか」と問い直す課題を自ら引き寄せただけでなく、その具体的な内実に関わる課題として、「『二本柱保育法』は保育所の中に養護学級を作るに等しい」と提起した結果、障害児も健常児も共に保育とする一つの保育を行うべき課題をも引き寄せてしまったのである。

さらに、年度としては次年度になるがこの少し後に、法人理事の小柳伸顕氏から、「障害児が入って保育が変わりましたか？」と問題提起され、大慌てすることになった。

この小柳氏の問題提起。これまで保育の場から排除されてきた障害児が、他の障害を持たない子どもらと一緒に同じ場で過ごすようになったのだから、当然、子どもたちの集団の質も変わったはず。そうだとしたら保育そのものも変わったはずだ、というのである。この小柳氏の問いの裏には、「保育が変わっていないとすれば、実態としては障害児を排除したままなのではないか」という問いが隠されていた。

この問題提起を受け自分らのこれまでの保育を振り返ると、保育が変わるあるいは保育を変えるという発想自体が全く無かったことに気付かされた。

実際、障害児らは他の子どもらと一緒の時間を過ごしているのに、「保育が変わっていない」現実に気付かされることになった。要するに、（健常児のための）これまでの保育はそのまま温存しながら、障害児には障害児のための別の保育をしていたことに気付かされたのである。「『障害児』共同保育こそ保育である」と主張し、二本柱保育法を批判してきた聖愛園の保育自体が、二本柱保育法そのものなのだと気付く他なかった。保育者らは大慌てするしかない。

一九七七年度に始まる第3期「障害児」共同保育は、「『障害児』共同保育こそ保育である」との自分らの言葉によって自らの保育を問い直し、あるいは「障害児が入って保育が変わりましたか」との小柳氏の問いかけに応えようと、「障害児が共にいることを前提とする普通の保育」を、子どもらと日々格闘しつつ模索し、試行錯誤を重ねる時期になったのである。

3．障害児が普通にいる「子どもらと共につくる保育」

イ．子どもらは日々の生活を自分らで担い始めた

一九七六年度終わりから一九七七年度には、障害児が共にいることを前提とする普通の保育とは何かを考え議論するようになったことを先に述べたが、実はこの議論、当時はほとんど意識されなかったものの、「障害児」共同保育を担い、構成し、創り出す主体として、「子ども」が登場する条件を整備することになったのである。

一九七八年度、四歳児クラスに重度で多動の自閉症のけいすけ君（仮名）が入園してきた。しかもこのけいすけ君、これまでの多動児に比べても群を抜いた大物で、若い二人の担任は、他にも何人かいた障害児も含めてクラスの子どもたちの保育をしながら、多動なけいすけ君に振り回され追いかけまわすのに手一杯となっていた。そして、ついには学級崩壊的な状況になり、一九七八年も終わりの一二月頃にはクラスの保護者から「担任を替えてください」と要望されるまでになった。

とはいうものの、担任の保育者らがけいすけ君を含む障害児に手を取られている間、他の障害を持たない

子どもたちを放置・放任していたわけではなかった。子どもたちは、自分たちでできることを見つけて自分たちでするようにと声を掛けられ、実際、子どもたちによるクラスの自主運営と言えるようなものが実現していたのである。

当時の聖愛園では、保育所化以前の幼稚園的教育をそのまま引き継ぐことが良しとされ、保育者の指示と指導、管理の下に、整然と為すべきことを為すように子どもらを教え込む（実際、この時の五歳児クラスではそのようなきっちりとした保育が行われていた）保育が、主流の位置にあった。そのような雰囲気の中で、このときの四歳児クラスの子どもらは、自分らのことは自分らでやっていいよと、解放されていたと言えるのかもしれない。

子どもらは、例えばお昼に給食を食べ終わると、勝手に（保育者の指示がないままに）食器等を片付け始め、重い食器を給食室に返しに行くなどは大人（保育者）に手伝ってもらいながら、テーブルを片付けて床掃除をする。さらに子ども同士で手分けして押し入れから布団を出して敷きはじめ、決して整然とは言えないながらも昼寝の用意まで自分らでして、勝手にお昼寝を始めるという具合であった。

このような子どもらの自主運営ともいえるかもしれない保育について、当初から子どもらの小グループが組織されリーダーも決められていたから、年度の当初から担任らもそれなりに意図していたかもしれないが、当時新卒で担任の一人であった鍋島（旧姓岩井）保育者は「そのような意図について相坦の島村保育者と話し合った覚えはない」と語っていることから、右記の小グループやリーダーも、他のクラスと同様に主には子どもらの管理のためだったようだし、子どもらの様子にも小グループごとにリーダーを中心に自主的に整然とというような雰囲気のかけらもなかったから、けいすけ君ら障害児を追いかけこれらに振り回される中で、それこそ切羽詰まったところで「お願い！　自分らでやっといて！」となったのだと思う。

このように、担任らが子どもらに「お願い！　自分らでやっといて！」と言えたことには、当時行われ始めた保育所保育としての内実の模索が関係していたように思う。というのも、保育所化の後の聖愛園では、旧来の「幼児教育の質」を守るべきと考える人々が多く、園での全ての事柄を保育者の教育的配慮の下にその主導で整然と行うべきと主張されていた。だが、このような保育のあり様は保育所での長時間保育の場合は大人も子どももしんどいだけではないか、保育所として子どもらが一緒に生活していることそのものを大切にした保育をするべきなのではないかと、一部の保育者らが考え提起し始めていたのである。

ロ．クラス保育の自主運営の試行と、第3期「障害児」共同保育終焉の兆し

一九七八年一二月頃に四歳児クラスの保護者から「担任を替えてください」と要望された問題は、理事会事務局の「若い二人の担任を信頼しています」と言い切る強権的ともいえる保護者対応により一応の終息を迎えるが、実はこの時、保育者の何人かはこのときの四歳児クラスの様子に「面白さ」を感じていたという。先に述べたように、この頃から保育所の就労保障の役割を保育者も前向きに考えるようになっていたこともあり、保育所での保育って長時間の保育になるし、大人（保育者）だけでやり切ろうとしたらしんどいばっかりやから、子どもらにも手伝ってもらうのはありなんと違う？　と、職員間で語られるようになっていたのである。

さて、この一九七八年度の四歳児クラスに「面白さ」を感じていた保育者の一人である野島（旧姓竹下）保育者は、妹さんが公立保育所の保育者であったことから個人的にも保育所保育についてだけでなく集団主義保育や同和保育について知る機会があったからか、年長児クラスと乳児クラスの交流を提起したり、あるいは長時間一緒に生活しているのに「先生」と呼んだり呼ばれたりするのはしんどいと、子どもたちに自分のことを「チェリー」とニックネームで呼ぶように言ったりしていた。今から思えば。保育所保育の特徴としての、乳児保育や長時間保育を積極的に捉えようとの試みだったのだと思う。

ともかく、一九七九年度になると一九七八年度のあの混乱を極めた四歳児クラスの子ども集団を引き継ぐ五歳児クラスを野島保育者は自ら望んで担任し、子どもらが自主運営するいくつかの小集団（グループ）を組織し、これらグループの活動を基本としてのクラス運営を行うことで、子どもらの日々の生活の自治と自主管理を目指すことになった。

この五歳児クラスは野島保育者他一名が担任するが、野島保育者はまずクラスの子どもたちを五、六名のグループに分け、これらのグループにそれぞれ障害児も加わる。そして、これらのグループがクラスの活動を分担して担うようにし、これ等のグループをそれぞれのグループメンバーが各グループのリーダーのもとで、自主的に運営する形を目指したのである。もちろんそれぞれのグループの障害児も一緒にである。

年度も終わりの頃、生活発表会でのハーモニカ合奏に向けた取り組みでは、各グループでそのグループの障害児がハーモニカ演奏をどの程度まで出来たらマルとするかをリーダーのもと保育者も助言しつつメンバーの話し合いで考える。例えばけいすけ君について、「けいすけ君はハーモニカせんでもいいんちゃう?」

との保育者の挑発に、「けいすけ君だけせーへんのは絶対ダメ！」と子どもらは主張する。それならと、「みんなと同じように吹けるようになると思うん？」と保育者が問うと、それには「できへんと思う」の返事。結局「ド」の音が吹けるようになったらマルにしようと子どもらの意見がまとまり、グループごとにそれぞれの課題が決まったところで、各グループが自主的に練習に取り組むのである。

先に述べたように野島保育者は、同和保育所の実践を知る機会が個人的にあったことから、一九七八年度の四歳児クラスの「面白さ」を保育として組織する術を、集団主義保育や同和保育の手法の中に見出し、それを援用する形で一九七九年度の五歳児クラスでの保育に取り組んだのだと思う。

ただ、この保育が、集団主義保育なり同和保育と関連付けて意識化され言葉化されるのはもう少し後のことになることを考え併せると、この年度の五歳児の保育は、前年度の四歳児クラスの「面白さ」を感じたことからの野島保育者の個人的・直感的な取り組みだったのだろう。

この一九七九年度の五歳児クラスの保育は、後々聖愛園の保育に大きな影響を与えることになるのだが、様々な保育に対する考え方の諸条件が熟してきてはいたとはいえ、まだ野島保育者による個人的なある意味思い付き的な域を出ない実践であったと言えるように思う。

ハ．第4期「障害児」共同保育への歩み

想定される第3期「障害児」共同保育の姿は、障害を持つ子と持たない子が共に一つのクラスで生活することを前提とする普通の保育だと考え、そのような保育は保育者自身の努力（保育のやり様）で何とか実現

できるはずと想定していた。このため、後になって考えると一九七九年度の五歳児クラスの保育は第３期「障害児」共同保育の終焉と第４期の始まりとも言えるものだったのだが、その事実に気付くのは大幅に遅れる。というのも、聖愛園の保育者たちの大方は、右に述べたような五歳児クラスの保育の新たな試みとは関わりなく、「障害児が共にいることを前提とする普通の保育」とはどんな保育かを、やや抽象的な論議になりながらも相変わらず熱心に論議を重ね試行錯誤を繰り返していたのである。

さて一九八〇年度の保育について野島保育者は、前年度の五歳児の保育の余勢をかい、年度当初から「たてわり保育を始める」との思いを秘めていたようだが、他の聖愛園の大方の保育者はそんな彼女の思いを知らないままだったようだ。

理事会事務局の一員だった筆者は、一九七九年度いっぱいで園長を退任した浜田先生の後を引き継ぐ形で聖愛園園長に就任した。「障害児」共同保育に取り組むために聖愛園を保育所化した「思い」を継承するためだが、筆者は、当時、特許事務所勤務のため三、四年後の元職復帰も可能だったからで、理事会事務局では障害児保育運動関係を担当し共同保育運動委員会で園職員とともに運動を担ってはいたが、大学での専攻は電子工学、保育については全くの素人であった。

一九八〇年四月に聖愛園園長に就任した筆者は、上に述べたように三、四年のショートリリーフのつもりだったが、結局は一九八五年に西淡路希望の家に施設長として転出するまで園長の任を担うことになった。というかその後のほぼ四〇年間、路交館に勤務することになったが、後半の二〇年はさすがに「素人」とは言えないとしても、最初の一〇年間ぐらいは自他ともに認める素人だったし、その後も自分では「素人性」

を大切にしてきたつもりである。本稿の本編である第1章、第2章は、一九八〇年からの聖愛園での経験を下敷きにしながらも、素人として知的障害者の支援に取り組む中で考えてきたことである。

ここで「素人性」は普通の市民感覚というか労働者としての感覚ぐらいの意味で使ったが、その意味では今でも素人感覚を持ち続けたいと考えているが、どうも勤務歴が二〇年を過ぎると、保育・教育・福祉業界になじみ過ぎたのか、「専門性」に依拠した言説を弄するようになって、普通の人としての感覚ともいえる素人感覚をややもすると忘れがちになっていたように思う。反省である。

ともかく、聖愛園園長に就任した一九八〇年当時はまったくの素人であり、日常の保育運営については、普通の市民感覚からの疑問を提起するのがやっとで、現場の保育者たちのおっしゃる通りで、せいぜい保育者間で議論となった事柄を、特許事務所時代の法律屋的な論理整理の力を生かして、何とか整理・調整するのがやっとだった。

二．第3期「障害児」共同保育の終焉とたてわり保育の始まり

一九八〇年度の保育は例年を踏襲する形で始まるが、新米園長の筆者は保育について全く素人。日常の保育は永江主任を中心に実施され、滞りなく進められた（のだと思う）。何しろ正直なところでは、現場の保育の様子を眺めてもその実情を把握できるわけでもなく、ほぼ毎週開催されていた職員会議での論議の中身についても、実は何が何かわからないままなのが実態だった。

この一九八〇年度は、次年度から全面実施される三〜五歳児のたてわり保育の移行準備の年として位置づ

けられるが、「たてわり保育実施」の課題が職員全体にどの程度共有されていたのか、筆者自身どうも良くわからないままだった。たてわり保育実施に向けての職員会議で、「たてわりに反対はしないが、三～五歳児のたてわりではなく、二～三歳児、四～五歳児に分けた方がよい」等などの意見が出され、それがまじめに論議される様子を眺めながら、「たてわり保育実施のイメージさえまだ共有されていないのか」と、驚いた記憶があるからである。

ともかく、この年度の最大のトピックスのはずの「三～五歳児のたてわり保育（への歩み）」だが、四月末に始まる週一日の試行実施が、その実施の是非も含めてあらかじめ議論された記憶がない。新米園長の筆者自身、永江主任や野島保育者が「やる」っていうんやからそれで間違いなかろうと考えてどんな保育になるのか問おうともしていなかったし、他の職員らにしてもあまり深く考えることなく「やるっていう人がいるんだから、まっいいか」程度のノリで、ほぼ自動的に決まったように思える。

この様にして三～五歳児のたてわり保育が週一回のペースで実施されたのだが、それに先立ってたてわり保育実施の趣旨や思いが「お知らせ」として保護者向けに配布された。週一回の試行実施に続いて、次年度からは全日実施するとして、その実施に向け九月からは週三回の実施にすることを保護者にお知らせしたのである。ところが、この「お知らせ」に保護者たちから轟々たる反対の声が上がった。

たてわり保育実施を主導した永江主任や野島保育者がこれほどの保護者の反対の声を予想していたかどうかわからない。ともかくこの「お知らせ」により開催された保護者協議会には思いのほかの人数が集まり、趣旨説明を聞くか聞かないうちから、こもごもに反対の声が上がった。結局、一回だけの保護者協議会で保護者らの納得が得られるはずもなく、これ以降、ほぼ月一回のペースで年が開けて年度が終わろうとする頃まで、夜九時、一〇時頃まで論議が続くという保護者協議会が開催されることになる。また、この準備のために月一、二回のペースでこれも夜九時一〇時頃まで職員会議が開かれることにもなった。

話を少し戻して、上記の「おしらせ」の内容はというと、昔の子どもらの世界の情景として、兄弟姉妹の数も多くて地域には数多くの子どもたちがおり、昼間は「はらっぱ」で年長の子どもらがリーダー格になって子どもたちだけで精一杯あそび、夕方になると夕焼けのもと、カラスとともに三々五々おうちへと帰っていく、そんな子どもたちだけの世界があり、遊びも子ども同士で伝えあっていたと振り返る。その上で、そんな中で子どもらは自分らで生きるために必要な力を学びあっていたが、今ではそんな「はらっぱ」での「たてわり」の世界は失われてしまっている、そこで、聖愛園の三〜五歳児のクラス構成をたてわりにすることで、聖愛園に「はらっぱ」を取り戻していきたい。今は週一回実施している「たてわり」を九月から週三日とし、来年度からは全日を「たてわり」保育に移行するとしたのである。

園長である筆者でさえ正直のところびっくりするような突然のお知らせだから、保護者らにとっては、驚くのは当然だし、「聖愛園を子どもらの『はらっぱ』にするために『たてわり』にする」とのストーリー自体初耳に近かった。当時、その趣旨を筆者がほとんど理解できていなかったことは先に述べたが、他の職員の大方も、そのことをほとんど理解できていなかったのではなかろうかと思う。

ホ．「たてわり」保育実施に向けての保護者との話し合い

第一回目の保護者との協議会の開催時期は、六月の終わりから七月にかけての頃だったと思うが正確な日時の記憶はない。事前には職員会議を開いてそれなりの準備をしていたのだろうが、職員それぞれがそれまでに本音で議論できないままだったようで、たてわり保育実施の意義さえ共有できていなかったように思う。たてわり保育を推進しようとする職員たちにしても、園の側というか職員が「是非とも実施したい」とお願いすれば、保護者はそこそこに認めてくれるだろうから、後は九月からの試行実施の成果をもとに話し合えば、来年度からの全面実施も理解してもらえるだろうと、かなり楽観的に考えていたのではなかろうか。

というのも、第一回目の保護者協議会は、午後七時からの開催だったと思うが、予想を超えて二〇名を大幅に超える保護者が集まり、たてわり保育を実施した時に子どもたちが被るかもしれない問題点について、それぞれ言葉鋭く追及された。これは筆者にとってそうだっただけでなく職員らにとっても全く想定外のことだったようだ。そこでの話し合いでは、保護者から提起される疑問や問題点について、それなりには言葉を尽くして話していたものの、到底保護者らを納得させることはできないものだった。大方の保護者が全く帰ろうとしないまま一〇時近くまで続けられたが保護者の納得を得られず、結局は次回に継続することにして散会することになった。

この第一回の保護者協議を終えた後の職員会議ではまずはおおざっぱながら、

①　「聖愛園をはらっぱに！」との思いが否定されたわけではないが、

②　それを実現するためにたてわりにした時の子どもらの様子について職員の側が十分なイメージを作

れておらず、このためたてわり保育に関わっての保護者の疑問や不安に適切に応えることができなかった。

と総括した上で、職員内部でそれぞれの思いを本音で出し合いながら話し合いを重ね、それをもって次回の保護者協議に参加することを確認することになった。

また、保護者協議の席上で提起された「今の週一回のたてわり保育でさえ、たてわりの日に子どもが登園したがらない。これで週三回とか毎日とかになったら、全く保育園にこれなくなる！」との保護者の声については、席上でも「現在の週一回のたてわり保育ではたてわり日が特別の保育日になり、子どもらも園で落ち着けないまま登園拒否しているので、回数が増えてたてわりに慣れてきたらそれもなくなると思う。」旨を説明していた。その上で、さらにそれに加えて私らも、『週一回のたてわり』というので、たてわりの日に張り切って保育し過ぎてしまい、余計に特別な保育日にしてしまって、事実上子どもらを引き回してしまっていたように思う。このようなことは、たてわり保育で目指している趣旨にも反するので、十分反省してこれからの取り組みをするべきことが、話された。

このようにして、先ずは園内の職員会議で各自が本音を出して十分に論議することで次回の保護者協議の準備をし、その上で開催する保護者協議会では保護者から多様な意見を出してもらうだけでなく、職員もその時々の自分の思いを各自が自由に発言し論議することにした。このような職員会議と保護者協議会のセットとしての開催は次回の一回限りのつもりだったが、そんなにはうまくいかなかった。保護者協議会も毎回九時一〇時までだったが、保護者の参加も若干の増減があるものの目立って減ることもないまま、ほぼ月一回のペースでほとんど年度末まで続けられたのである。

以下では、一連の保護者協議の中で出てきた保護者側及び職員側の意見を列記して、保護者協議の様子をいくらかでも伝えることができればと考えるが、ここで保護者側及び職員側の意見という書き方をしたがこれは保護者側なり職員側としてまとまった意見が出されたという趣旨ではなく、保護者もしくは職員が個別に述べた意見を便宜上保護者側及び職員側として順不同ながら趣旨の大意から整理したものである。

先ず、保護者側の質問や意見は概ね以下の五点に集約できるように思う。

① 年齢ごとに押さえるべき発達段階上の課題があるのに、それを押さえることができなくなるのではないか?

② 「障害児と共に…」の保育を目指す以上、障害児をクラス集団の中心に置いて集団つくりを進めるべきなのに、例えば五歳児は三歳児の面倒を見なければならなくなって、障害児をクラス集団の中心に置く取り組みができなくなるのではないか?

③ 三~五歳児のたてわりでクラス作りがされると、三歳児はいつも背伸びした状態で活動することになり、三歳児はいつも小走りを強いられるようなしんどさがあるのではないか?

④ 三~五歳児のたてわりでクラス作りがされると、五歳児はいつも三歳児の面倒を見なければならず、五歳児なりの遊びを遊び込めない問題があるのではないか?

⑤ 先生らは○○歳児というように子どもらを一括りにしてみるのでなく、子ども一人一人を見ていくと言わはるけど、一クラスの先生の数が増えるわけではないんでしょ。そんなん無理と違いますか?

次に、職員側の意見だが、

まず、初めの頃の保護者協議では

a．当年度と同様に来年度も週の何日かたてわりのするプランや、

b．一日のうちの何時間か（例えば設定保育の時間帯）だけをたてわりにして他の時間帯は年齢別にする（もしくはその逆）プラン

なども提起された。

しかし、秋以降の週三日のたてわり保育の試行が進むにしたがって、週一日の実施の時にもみられた「たてわり」が日常の生活集団と異なる特別の集団構成になることで子どもらが混乱する様子が見られたことから、園として次年度からの本格実施では、日々の基本の生活集団をたてわりで構成し、必要に応じて年齢別の（準クラス）集団での活動を行うことになった。

さて、保護者からの質問・意見に対しての職員らの応答は、それぞれの思いから論調や口調はそれぞれに異なるものの、基本的には「聖愛園を子どもらの『はらっぱ』にするために『たてわり』にする」との願いに根差す点では統一されていった。

以下、筆者の口調での要約になるし、何人かの何度かにわたる発言をまとめることになるので、やや長めの文章になってしまうことをお許し願うことにして、以下に園の側の意見の大筋を列記する。なお、以下の箇条書きは、前記の保護者側の発言の箇条書き番号に対応させたつもりである。

① 年齢別のクラス編成でも一年の月齢差があり、三～五歳の年齢では一年は本来無視できないほど大き

な差である。それなのにこれまでの年齢別のクラス編成のときは、子どもらの一人一人の（月齢の）違いを無視して○○歳児というように一括りにしてみてきたのが間違いだった。それに、○○歳児というように子どもを一括りにして見て一人ひとりの違いを無視してしまう保育のあり方が、障害児を保育所保育から排除してしまう保育観の根っ子にあるように思う。

②　障害児をクラス集団の中心に置いて保育するという考え方は大切だと思うし、私たちも障害児がクラスの仲間関係の中心にいることができるよう願って保育をしているつもりである。しかし、おっしゃるように障害児を三歳児との比較で考えてしまうと、障害児を何か特別にお世話してあげるべき子どもとして捉えて保育してしまい、むしろ子どもたちが障害児を特別視することを助長してしまうようにも思う。私たちは、例えば五歳児が三歳児のできない事柄を自然に手伝い助けてあげるように、周りの子どもたちが障害児のことを自然に手助けするような関係になればと願っている。

③　年齢別クラス編成の時に子どもを○○歳児と一括りにみてきた問題でも話したように、子どもを一括りにして保育し、その上で例えば四歳児に照準を合わせて保育したら、三歳児は小走りになるしかないし、五歳児に照準を合わせればそれこそ皆が走るしかないことになる。しかしそれぞれの違いを考えて、例えば散歩のときなどで、五歳児が三歳児と手をつなぐなどをすれば、三歳児だけでは行けないところにも行けるかもしれない。要は子どものそれぞれの違いに応じて保育をすればよいわけで、その点ではかれこれ一〇年近く障害児と共にということで保育をしてきた経験からも、それぞれの違いに応じて保育することには慣れてきたつもりである。ここは園にお任せいただければと思う。

④ 人は本来助け合って生きる存在だから、子ども時代の一時期にどちらかというと助ける側（あるいはその逆の側）に回る割合が多い時期があってもよいのではないだろうか？　それに、今日は少子化で子どもの数というか兄弟の数が減って一人っ子のところも増えており、昔はお兄ちゃんお姉ちゃんが順繰りにすぐ下の子の面倒を見ていたのが無くなり、下の子の面倒を見る経験そのものがあまりにも減っているのではないだろうか？　今はそんな経験の機会を持つことも大切だと思う。それに、子どもは遊びの天才だから、そんなに心配しなくても五歳児は五歳児なりに自分らの遊びを見つけ出して遊ぶと思う。そこあたりの事情は自分がせなならんこともあるし幼い我が子の面倒ばかりを見てはおれない親御さんの事情と同じだ思う。また、それこそ昔の「はらっぱ」では、もともと小学校中学年ぐらいまでも含めて異年齢で自分らの遊びを作って遊んでいたわけだし、中には何とか歩ける程度で遊びのルールも理解できない二歳児なども「味噌っかす」や「ごまめ」として遊び仲間の中に入れていたわけだから、上手に自分らの遊びを作り出してくれるように思う。

⑤ 確かに、子どもらを一括りにしてみないと言っても、互いに月齢も違い、能力や個性も違う子どもらを一人一人保育しようと考えると、とてもではないけど今の保育者の数ではやっておれないと思います。しかし、考えても見てください。「はらっぱ」では子どもらだけしかいなかったし、子どもらだけでそれこそ自分らで自治的に自分たちの遊びを組織し遊び込んでいました。あるいは私たち今の大人たちは、はらっぱでの自分らの遊びを経験してきた最後の世代なのかもしれませんが、はらっぱで他では代えようもないたくさんのことを学んできたことは、経験の上からも断言していいように思う。

このような子どもらの自治の力、自分らの遊びを作り出す力を考えるなら、保育者の数が変わらなくても十分やっていけると思う。

へ．「たてわり」保育の開始は第４期「障害児」共同保育の始まりだった

年度末ころにはたてわり保育の実施に大方の保護者の「理解」が得られたが、最後の最後になって、それまで考えもしなかった難問を突き付けられた。

「先生らがやろうとしているたてわり保育が素晴らしい保育だということは十分わかりました」「そんな保育ならうちらの子も立派に成長するのだろうと思います」「でも、そのたてわり保育って、前例がないのでしょう！　先生らが何ぼ素晴らしい保育になるといわはっても、そんな前例のない保育、うちらの子で実験せんといてほしいです！」

これまで保護者からの疑問や問題提起、質問などなどに一つ一つ丁寧に応答してきた職員らも、これには頭を抱えることになる。ともかくぐうの音も出ないままに思案投げ首するしかない状態に追い込まれたのである。

そんな中で、当時の保護者会会長が助け舟を出してくれた。「(たてわり保育の第一年度になるはずの) 来年度には園舎の一部建て替えを予定しているのでしょう。建て替え工事中には保育室の数が足らなくなってクラス数を減らす他ないのと違いますのん。だったら『来年度は建て替え工事のために三～五歳児で二クラスにするしかないので、たてわりにします』と言えばよろしい」というのである。

実は上記のたてわり保育実施に向けての保護者協議に並行して、園舎の一部建て替えに向けての建設計画の立案や、その行政への補助金の申請及び公的借入金の申請等々の手続きを進めており、三〜五歳児のクラスを二クラスにすることもあらかじめ計画していたのだから、保護者会長の助言内容はとっくに自分らで気づいてよかったようなものだが、たてわり実施に向けての保護者との協議はそれはそれとして別個に進めていたので、思いをめぐらす余裕を失ってしまっていたのか、全く思い至らないことだった。保護者会会長の助言が無かったら、たてわり保育の実施をあきらめることは無かっただろうが、何とか保護者らの了解を取るべく妥協案をひねり出していたかもしれない。もしそのようにしていたら、一九八一年度の保育は以下に述べるような大成功と自画自賛できるようなものには到底ならなかったと思う。

保護者会長の思わぬ助け舟で、一九八一年度、三〜五歳児の保育は年度当初からたてわりの二クラス体制で出発することになった。

この年度のたてわり保育、次年度（一九八二年度）に向けてたてわり保育を継続するためにも失敗できないと、強い思い込み＝覚悟を持った取り組みだったが、とは言うものの新たに特別の保育が企画・実施されたわけではない。強いて言うなら、一九七九年度までは五歳児だけが園に一泊していた一泊保育に、週一回のたてわり保育を始めた一九八〇年度には三、四歳児も参加するようになり、さらに一九八一年度には「（最年長の）五歳児だけの特別な保育」が必要と、特別のプログラムとして園外一泊保育が実施されるようになった。

ところが、一九八一年度の終わりの保育総括の時期になって、「私らがこれこれの取り組みをしたから…」

と全然言えないのに、そやから保育総括のための言葉を何も思いつかんのに、何か知らんけど保育が考えていた以上にうまくいってしまった。何年かかかるだろうと思っていたたてわり保育の目標の大方が実現してしまった。何でやろう？　と、保育者たちを悩ませることになった。

実際、以前はあれほど聖愛園の保育者たちを悩ませてきた「障害児が共にいることを前提とする普通の保育」なのだが、まだまだ様々な課題を残しているとは言うものの、目標として考え意識しイメージしてきた事柄は、すんなりと実現してしまったように思えたのである。ともかく保育の実態として、第３期「障害児」共同保育が終焉を迎え、第４期「障害児」共同保育が始まったことを宣言する他なくなっていたのである。

ト．西淡路希望の家の実践は第４期「障害児」共同保育が基礎にあった

前節で述べたように、一九八一年のたてわり保育の全面実施以来、聖愛園の保育は第４期「障害児」共同保育に移行していた。一九八五年からの西淡路希望の家の取り組みの背景にはこの第４期「障害児」共同保育があったのである。

一九八五年四月に、路交館が設置主体となって精神薄弱者（通所）授産施設西淡路希望の家が開設されるが、実のところ路交館が主体的にそれを企画したというより、頼まれ仕事としてそれは始まったのだった。

聖愛園がある大阪市淀川・東淀川区の地元では、一九七五年以来、障害児の親の会として障害児者の生活と教育権を保障しよう淀川・東淀川区民の会（略称「しよう会」）が組織されており、聖愛園の在・卒園の障害児の親たちもこれに参加していたことから、聖愛園の職員もその運動に連帯し取り組みに参加していた。

しよう会は、一九八〇年代に入るころから地元の中学・高校の先生らと連携して準高の三年間が修了した後の進路保障の取り組みを始めることになり、準高卒業児の進路保障の取り組みとして、「生活の場」建設の対行政要求運動が一九八二年頃から取り組まれていた。これに聖愛園の職員も毎回の対行政交渉の際などには何人かが代表参加していた。この対行政闘争の交渉が大詰めを迎えたところで、「生活の場」の具体化に向けては、法制度内の施設建設として実現する他ないとの方向性が固まってきた。

右の交渉と並行して行われていた「生活の場」の運営のあり方に関わっては、運動の一方の中心軸ともいえる小中高校の先生らを中心とした論議の中で、「生活の場」とはすなわち「生きる」場であり、障害当事者が生きがいを得る場だとされ、それは障害当事者が一生を通じて働く（労働する）場であると考えがまとめられていった。

このような経過を経て、当時の法律で言うと、精神薄弱者福祉法上の精神薄弱者（通所）授産施設として建設を実現する方向性が出されていったのだが、法制度上の施設として実現するとなるとその設置運営を行う社会福祉法人を地元側で確保する必要が生じ、地元で社会福祉法人の設立ができるまでの間、路交館がその役を担うよう要請されることになったわけである。

このようにして、路交館の名義で新設の精神薄弱者（通所）授産施設の設置運営を行うことになるのだが、その開設準備の中で社会福祉施設の運営をいくらかでも知っている人が誰もいないことが明らかになり、結局、筆者（枝本）が聖愛園園長を辞して一九八五年四月から、西淡路希望の家の設立当初の施設長を担うことになったのである。

なお、法人名義に関しては、一九八九年一〇月一日付で社会福祉法人ノーマライゼーション協会が設立されたことにより、同日付で知的障害者（通所）授産施設「西淡路希望の家」の設置運営を路交館から同法人に引き継ぎ、また筆者も、西淡路希望の家施設長の職を辞して路交館にもどることになったのである。

あとがき

三〇年近い昔に西淡路希望の家の初代施設長を退任し古巣の聖愛園に戻る際に自作の冊子として発行した「西淡路希望の家で学んだこと」を再刊してもらうにあたり、第1章の「『法人化』試論」及び第2章「『共生』保育・教育の課題を求めて」に加えて、第3章「再刊への追記…聖愛園の『障害児』共同保育」を追加させてもらった。筆者としては、一九八〇年以来の保育所聖愛園の取り組みを下敷きに、一九八五年以来の西淡路希望の家での取り組みがあったのだが、既に三〇年を超える昔の話しだけに、当時の聖愛園の取り組みを知らない読者もいることを考え、無理を承知でお願いしたのだが、改めて読み直すとこの目論見は不十分な結果に終わったようだ。

当時から悶々と考え始めていた「共感的主体性の形成」という問題意識を深めることを試みるべきだったようだ。聖愛園のたてわり保育の実践に学びつつその取り組みに参加する中で、従来我々が求めてきた主体性（＝批判的主体性）のイメージとは異なるものへと子どもらを育てようとしていると考え始めていたのだが、そのような筆者自身の思考の延長線上に西淡路希望の家の取り組みがあったことに、今さらながら気づかされたのである。

ともかく第1章及び第2章は三〇年以上もの昔に書いた文章であり、筆者自身、西淡路希望の家の後は永らく障害者支援事業から離れていたためすっかり忘れていたが、改めて読んでみて、今日でもそれなりに意味を持つのではないかと思うことになった。いまさらの発刊ではあるが、このようなものを改めて世に問う機会を与えてくれたインクルーシブ（共生）教育研究所代表の堀智晴氏、及び同事務局の宮崎勝宣氏には感謝するしかない。特に宮崎勝宣氏は古い資料の中から手作りの冊子を発掘し文字起こしをして筆者の重い腰を上げさせてくれた。特段にお礼を申し上げる。

二〇二三年一二月

枝本信一郎

著者略歴

枝本信一郎（えだもと・しんいちろう）

1946 年に宮崎県都城市で生まれた。大阪工業大学電子工学科を卒業後、2 年間の一般製造業勤務、及び 10 年間の特許事務所勤務を経て、1980 年社会福祉法人路交館保育所聖愛園園長に就任。その後、同法人の西淡路希望の家施設長、保育所園長、路交館館長、理事長、障がい児者支援事業管理者等を歴任の後、2021 年退職。現在インクルーシブ（共生）教育研究所副会長

西淡路希望の家で学んだこと
インクルーシブ（共生）教育研究所双書

2024 年 2 月 1 日　第 1 刷発行

著 者　枝 本 信 一 郎
発行者　中 村 裕 二
発行所　㈲ 川 島 書 店

〒 165-0026
東京都中野区新井 2-16-7
電話 03-3388-5065
（営業）電話・FAX 03-5965-2770

印刷・製本　モリモト印刷株式会社

落丁・乱丁本はお取替いたします　振替・00170-5-34102

＊定価はカバーに表示してあります

ISBN978-4-7610-0951-9　C3036